中小学戏剧教育
综合教学法

Teaching Drama in Primary and Secondary Schools

[美] 迈克尔·弗莱明（Michael Fleming）/ 著

葛袤亮 / 译

文化艺术出版社
Culture and Art Publishing House

图书在版编目（CIP）数据

中小学戏剧教育综合教学法 / (美) 迈克尔·弗莱明
著；葛袁亮译.—北京：文化艺术出版社，2022.12
ISBN 978-7-5039-7322-2

Ⅰ.①中… Ⅱ.①迈… ②葛… Ⅲ.①戏剧教育—教
学法—中小学 Ⅳ.①G633.951.2

中国版本图书馆CIP数据核字（2022）第202960号

版权登记号：01-2022-5945
书名原文：Teaching Drama in Primary and Secondary Schools

中小学戏剧教育综合教学法

著　　者	［美］迈克尔·弗莱明	
译　　者	葛袁亮	
责任编辑	魏　硕	
特约编辑	田　甜	
责任校对	董　斌	
书籍设计	顾　紫	
出版发行	文化艺术出版社	
地　　址	北京市东城区东四八条52号（100700）	
网　　址	www.caaph.com	
电子邮箱	s@caaph.com	
电　　话	（010）84057666（总编室）　84057667（办公室）	
	84057696—84057699（发行部）	
传　　真	（010）84057660（总编室）　84057670（办公室）	
	84057690（发行部）	
经　　销	新华书店	
印　　刷	国英印务有限公司	
版　　次	2024年11月第1版	
印　　次	2024年11月第1次印刷	
开　　本	710毫米×1000毫米　1/16	
印　　张	16	
字　　数	210千字	
书　　号	ISBN 978-7-5039-7322-2	
定　　价	98.00元	

译者序

　　当您翻开这本《中小学戏剧教育综合教学法》，您即将踏入一个充满魔力的世界 —— 一个通过戏剧教育桥接梦想与现实，情感与智慧的世界。作为译者，我有幸将迈克尔·弗莱明先生的杰作带给中文读者，这本书不仅是一本教育工作者的宝典，更是一扇打开心灵之窗的钥匙。

　　我之所以选择翻译这本书，源于一个简单而又深刻的信念：戏剧教育拥有改变生命的力量。在中央戏剧学院从事教学工作多年，我深切体会到戏剧不仅是艺术的展现，更是一种独特的教育方式。它能够激发学生的创造力，培养他们的团队协作能力，增强他们的情感表达和沟通技巧。当我遇到迈克尔·弗莱明的这部作品时，我为其中深邃的洞察力和实用的教学策略所吸引。我相信，通过这本书，我们能够为中国的戏剧教育领域带来新的思考和灵感。

　　翻译这本书的过程，对我来说是一次心灵的旅行。每一章、每一节都仿佛与我过去的教学经历和学生们的共同探索产生了共鸣。我回想起在课堂上和学生们一起创造的无数个瞬间 —— 那些看似平凡却又充满力量的瞬间，学生们通过戏剧展示出他们真实的自我，分享他们的故事和梦想。这些体验不仅丰富了我的翻译，也让我更加坚信戏剧教育的价值。

　　在这一过程中，我努力保持对原作精神的忠实，同时也在译文中融入了自己的理解和感悟。我希望通过我的翻译，中文读者能够感受到原作者对戏剧教育的深厚情感，以及戏剧对于个人成长、社会互动乃至文化传承的深远影响。

　　随着这本书的完成，我对中国戏剧教育的未来充满了期待和希望。我相信，这本书不仅会成为戏剧教师的重要资源，也会激发更多教育工作者和学生探索戏剧的可能性，发现自我，表达真情，从而丰富我们的教育生态和文化生活。

在这里，我要特别感谢我的家人、朋友以及我的学生们，他们的支持和鼓励是我完成这项翻译工作的不竭动力。我也感谢所有关注和支持这本书的读者，希望它能为您带来启发和收获。

在翻译的每一个夜晚，我都沉浸在弗莱明先生对戏剧教育深邃理解的世界中。他的文字不仅为我提供了教学上的指导，更像是一盏明灯，照亮了我在戏剧教育道路上的前行。每一次将这些理论与实践相结合，都让我看到了学生们在戏剧中的成长与变化。我期望通过我的译作，更多的教育工作者和学生能共享到这种成长的喜悦。

此外，这本书的翻译过程也让我深刻感受到了戏剧作为一种文化现象的跨文化共鸣。戏剧教育不仅是艺术教育，它是一种文化教育，通过戏剧，我们能跨越语言和文化的障碍，理解不同文化背景下的人类共同的情感和经历。这本书的中文版，我希望能成为中西文化交流的一个小小窗口，让更多的人认识到不同文化中戏剧教育的共同价值和独特魅力。

当我结束这段长达数月的翻译旅程，我带着一份满足和期待将这本书呈献给您。这本书对我而言，不仅仅是一项翻译工作的成果，更是我个人教育信仰和情感的投射。我希望它能够触动每一位读者的心灵，激发大家对戏剧教育的热爱和探索。

最后，愿每一位走进戏剧世界的人，都能在这里找到属于自己的舞台，演绎出自己生命中独一无二的故事。感谢每一位将这本书带入生活的读者，愿它成为您与戏剧教育相遇相知的开始。让我们一起期待，在戏剧中，发现更多生命的色彩和深度。

葛袁亮
2024年3月于中央戏剧学院

鸣　谢

首先，非常感谢我的妻子玛丽安（Marianne）为我这本书的写作提供了很多的建议和参考，改善并决定了整本书的写作风格。书中的一些观点来源于一些已刊发的文献，同时也感谢编者和读者对于我出版这本书所给予的鼓励和帮助。

The English Magazine，Editor，Helen Hancock，vol. 1, no. 1, 1997.

The English Magazine ，Editor，Helen Hancock，vol. 2, no. 4, 1999.

Drama: The Journal of National Drama，Editor，Chris Lawrence，vol. 7, no. 1, 1999.

NJ（Drama Australia Journal），Editor，Christine Comans，vol. 23, no. 2, 1999.

Research in Drama Education，Editor，John Somers，vol. 5, no. 1, 2000.

目　录

引　言

主 旨

本书旨在帮助戏剧教育工作者进一步认识戏剧教学理论和实践内容，虽不是一个入门级戏剧教育参考用书，但也不对读者先前的戏剧知识与教学经验提出太多要求。理论内容也尽可能基于教学实践中真实出现的问题而展开，同样不对戏剧相关领域知识背景有过高要求。整体而言，本书致力于为读者提供了解当代戏剧教育史的指南和新的视角。

正如博尔顿（Bolton）在1984年所言，戏剧教育历史充满了"竞争"和"对立"。相关专家和教师在很多问题上产生了分歧，尤其是"剧场"（强调表演、剧场技能和剧作呈现）和"戏剧"（强调不同形式的角色扮演、戏剧化表演和即兴表演）这两类对立主张。这里对上述观点中"强调"部分的描述十分粗略，很难找到合适的词汇来准确描述这个问题上的分歧。尽管这一分歧产生不久，但是对于诸如"剧场""表演""技能"甚至是"戏剧"这个词的本身概念，现在的学者们也有着不同的思考。只需看看尼兰德斯（Neelands）关于剧场的文章、博尔顿关于表演的文章和霍恩布鲁克（Hornbrook）关于戏剧技巧的文章，就可以确认这个情况的真实性。这些名词的不断变化使得对于戏剧教育描述变得困难。而且，如果在撰写关于戏剧的文章中低估了变化的程度，也可能导致观点混淆。有人认为，表面的分歧（例如上述观点中关于"剧场"和"戏剧"的不同主张）隐藏着更深层次的分歧，对于这些分歧探讨与研究的意义更大。

20世纪80年代的出版物中，宣称"对于戏剧教育的重点分歧已是过去式"的说法并不少见。"让我们避免激起旧的分歧"（Let's avoid stirring up old conflicts）是发给英国《戏剧简报》（*Drama Broadsheet*）的一封信的标题，该信呼吁戏剧界形成统一阵营，并为"争吵"画上句号。博尔顿在他1984年出版的书中阐述他的意图是"超越"分歧并维持一种"中立的观点"，但仅仅五年之后，他自己的作品就受到了大众强烈的批评。

这种分歧的停止，并宣布达成一致观点的习惯思维一直持续到近几年。在1994年本人出版的第一本关于戏剧的书中，主张对戏剧教学采取"平衡的视角"，并包括以下几个方面：

- 戏剧作为一门学科和一种教育方法；
- 包括演出和使用剧本在内的各种方法的价值；
- 学生参与演出时不同的教育重点；
- 改进戏剧评估标准的重要性。

1997年，我继续相当乐观地宣称，20世纪70年代到80年代，对于"戏剧"主题的包容性开始明晰，并且已经明确地达成了共识。对此有乐观态度的不只本人，在《英国国家中学戏剧教师手册》(*The National Drama Secondary Teacher's Handbook*)中也得到了印证：它认为"包容性"不是"排他性"的实践模式，现在也已被广泛接受。该出版物由英国国家戏剧协会的主要人员负责撰写，他们的综合经验比本人的主观推论更可靠地反映了当前阶段的情况。同样地，克拉克（Clark）和古德（Goode）在他们发表的评估报告中为戏剧教育提出了一种更具"包容性的"定义，充分认可了戏剧教师与学生采用的活动的宽泛界限和多样性。欧文斯（Owens）和巴博（Barber）所采用的对戏剧和剧场的定义"倾向于具有包容性"。戴维斯（Davies）在《课堂戏剧表演》(*Acting in Classroom Drama*)的前言中表明：博尔顿"正在努力寻找一种包容性的方法"。鲍威尔（Bowell）和希普（Heap）也声称"戏剧从业者们的新共识认可了教育中的包容性戏剧模式"。

根据这些观点，我们可以想到几个相关的问题：本文提到的"共识"的普及性是何程度？这个主题的"包容性"方法究竟指什么？这是否意味着任何形式的实践都是可以接受的？"共识"是否仅仅意味着对不同方法有更高的容忍度，而不是一致的原理或实践体系？"容忍"和"包容"的共识可能很普遍，但这很可能并无意义。"包容性方法"可能不应该被更多地解释为对特定意识形态的陈述，而是一种认识。20世纪70年代、80年代和90年代初的激烈辩论已经让位于任何方法都"相互宽容"。在英国，由于国家课程中没有设置单独的戏剧学科，所以戏剧学科的自主性比其他学科更高。不过，学校和教师培训检查系统依然保持着相当重要的控制作用，这一学科也并没有完全独立自主。虽然教师可以依据自己的喜好选择教学大纲和考试方案，但是近年来，他们的选择范围受到了更大的限制。尽管有这些限制，戏剧教师确实比其他学科的教师更具独立性，更重要的是，他们的工作建立在连贯的理论基础之上。

一种具有"包容性"的戏剧教学方法可能仅仅意味着现在对不同方法有了更大的宽容度。有的教学单位主要强调传统戏剧和表演艺术，有的学校更强调创作过程，"观众"这个概念只是在戏剧工作坊的环境中非正式地出现。不同的实践方法也可能源于不同的目的。英格兰和威尔士全国教育研究基金会（NFER）发表的研究发现，"个人和社会成就"评级较高的学校在"艺术形式的知识"中排名最低，受访的学生在描述他们的作品的时候，很少提及戏剧技术技能。另一个对包容性方法的解释是：在同一个教学部门中各种戏剧活动都被接受，例如即兴表演、哑剧、剧本创作、表演等。

毫无疑问，与之前的戏剧教育相比，现在的戏剧教育领域更加和谐，不过也存在着一些不和谐的声音。诺曼（Norman）作为该领域有影响力的人物，在离开戏剧教育岗位数年之后回归，经过其仔细的观察与思考，在1999年的文章中写道：

> 离开戏剧教育界一段时间后，我最近参加了一些研讨会，并在学校观看了一些戏剧。我所看到的作品是没有启发性的、没有探索性的，不是独创的、超前的，这些作品没有参与者的沟通和情感参与的，也

不具备戏剧的"当下"真实交流的特点，大多停留在平庸、毫无创新和基础认知型的程度，包含着无穷的静止画面、练习和对外部形式的过分注重，而其中大多数形式都是平庸的。①

诺曼进而言语风趣地说，他"想知道这些做法是否代表了戏剧教育的勇敢创新的共识"。对于戏剧的新人来说，他的话可能只传达了一种定性的判断，一种对所有戏剧教育教学应该追求的理想的描述。然而，经历过这门学科近期发展的戏剧教师在引文中能够认识到关于实践的具体建议。他在这篇文章和其他文章中的核心论点，是认为真正的"情感参与"只通过某种特定类型的实践才能发生，这种实践至少会涉及"集体戏剧的某些要素和教师在场的角色"，以提供"高等级的情感共鸣"。引文也有一些隐含的哲学假设，需要更深入地讨论。引文中所提到的对"外部形式"的过分关注似乎暗示着内部和外部的分歧，在本书后续章节中将会进行更细致的分析。总的来说，这是一个非常大胆的陈述，许多人将其描述为传统的"教育戏剧"观点。由此可知，关于当代戏剧教育发展史，还有另一种隐藏的不同观点，一些研究者眼中的"共识"和"包容"可能被其他研究者解释为对平庸和乏味的妥协，因为他们抛弃了20世纪70年代和80年代的所有积极的发展，而那时人们对戏剧教育教学信念充满了热情和坚持。

霍恩布鲁克（Hombrook）一直热衷于挑战这些理念，且在其文集中多次强调他对"教育戏剧"观点的反对，对这种观点"过于笼统的目标和与戏剧的脆弱联系"进行了批评，并把它描述为一种"历史的异变而不是（一度被认为的）一种教育变形"。

面对这些不同的观点，我们很难知道如何最好地反映近40年来的戏剧教育教学的发展，或者是我们当下应该采取什么样的立场。本章节呈现

---

① Norman.J.(1999)"Brain right drama", *Drama:The Journal of National Drama 6*(2),8 – 13.

的是一组经过高度筛选的，适合前言的引文和总结，但即使是非常详细的历史记录，也不太能够提供任何一个具有结论性的观点。正像一些研究者坚持某一特定立场，同样多的研究者声称陈旧的论点和议题不再具有重要性，这种观点在当下并不少见。一些教师和研究者发现，从旧的争论中汲取营养并不总是富有成效的，但这并不意味着可以完全忽略那些分歧和差异。正如尼兰德斯所说，"共识可能是扼杀某一领域内部斗争的毒手"。即使问题有时难以解决，意识到哪些问题值得解决也是重要的。有一种论点认为，如果想要严肃地从事戏剧教学工作，我们不可避免地会遇到看似无法解决的困难。如果忽视这些问题，就会导致像维特根斯坦（Wittgenstein）形容的"问题的缺失"，他将这种情况归咎于一些哲学家。如果出现这种情况，接下来会发生的就是：

> 一切对于他们看上去都很简单，深刻的问题似乎不再出现，世界变得宽泛而扁平，并失去了所有的深度，而他们所写作的所有观点都会变得浅薄和琐碎。[1]
>
> 　　　　　　　　　　［引自卢加（Sluga）和斯特恩（Stern）编：1996］

这一引用观点似乎与当下的教育大类的政策制定者密切相关。相比对于任何问题的深入探索，简单而即时的解决方案更受青睐：具有高度不确定性的英国国家测试取代了属于更成体系的专家意见的评判；目标设定、惩罚性的视察和预先指定方法的语文课程都是对于确定性的迷恋的一部分。讽刺的是，尽管过去的15年间的大量学术文章都为偶然性和不确定性的后现代概念所主导，很多教育工作者在他们的工作中却仿佛活在一个越来越"宽泛而扁平"的世界里。

---

[1]　Sluga, A.and Stern, D.(eds.)(1996)The Cambridge Companion to Wittgenstein. Cambridge: Cambridge University Press.

因为"宽泛"这个词的隐含意义通常偏正面而非负面，所以维特根斯坦在这里选择了这个词进行阐述是深刻而晦涩的。毕竟，为学生提供"宽泛"的体验不正是国家课程的明确目的之一吗？我认为，维特根斯坦想表达的是由于未能放慢速度、暂停下来并集中对某一具体观点深入思考带来的过度简化的问题。这种方法的一部分，就是从不同的视角和不同的方向检视问题、建立联系、思考例子、生成隐喻和提出探索性问题。关于"教育"的当代论述中所缺失的正是这种"沉浸"。目前，要求一门课程具有广度往往被认为是理所当然的，但同时可能很少有观点认为"深度"比"广度"更有价值，而且这两者并不总是相容的。"深度"的概念将在本书第6章中进行更全面的探讨。

结　构

如果像之前所述，本书的目的是增进对戏剧理论和实践的理解，研究方法则应是阐释和探索那些出现的和有助于考察不同对立观点的难点。正因为如此，本书的各个章节围绕成对的概念进行结构，这些概念在一定程度上是相对对立，甚至有可能是完全对立的。

在构架本书的时候，我在创建一个实用且阅读障碍较少的结构时陷入了两难境地。围绕各种概念组织结构也确实造成了一些限制，因为采用了这种结构就不可以单独处理特定的主题，比如当代戏剧教育教学史。然而，这样做的优点就在于可以在一组不同的语境下检视特定的主题，从而获得一个崭新的视角。现在因为我们构建出了不同的概念，这些概念与现实没有精确而单一的关系，所以它们之间不可避免地存在重叠，不仅有横向的，也有纵向的。换句话说，"内容"不仅和"形式"有关，而且和"体验""手段"也存在关联。"理解"这种概念可以被有效地定义为"建立联系"，而在这种语境下，这些联系在不同的方向上又都存在着影响。具体的成组的关联如下所示：

内容 —— 形 式

体验 —— 结 构

手段 —— 目 的

内部体验 —— 外部体验

创造 —— 反 馈

感受 —— 形 式

过程 —— 呈 现

意义 —— 逻 辑

表达 —— 再 现

采用这种结构的另一个原因是，历史上的许多理论和哲学问题都可以用二元概念来构思：表象和实象（前苏格拉底式，pre-Socratic），思想和身体（笛卡尔，Descartes），事实和价值（休谟，Hume），自然必然性和实际自由（席勒，Schiller）。杜威（Dewey）认为，所有哲学问题都源于二元对立。对二元思维方式的挑战来自黑格尔（Hegel）（他通过辩证思维进行综合的概念）以及最近的后现代作家。因此，本书试图建立的概念的关联，既存在于戏剧内部，也存在于外部的其他知识学科和传统教育方法中。

对戏剧的讨论旨在将其与教育、艺术、美学和哲学等更广泛的问题以及更广泛的社会关注的问题联系起来。例如，我们所处的时代中，接触到的一切公共事件，其展示的层面皆优于其内核。诸如政客们对种种"报道"的处心积虑，教育政策制定者对粉饰而非深刻改进标准的依赖，以及惩罚性检查制度隐瞒而不是揭露真相的倾向，都是如此。美学中的内容与形式问题可以和形式与实质、外在表象与内在真实这样流行的概念联系起来。同样，结构与体验之间的对立关系与国家课程和新的文化策略的许多假设有关，但也与文学理论中关于结构主义和后结构主义的学术讨论有关。

实　践

本书的结构旨在解决一些由戏剧作为一门学科而产生的问题。这不是为了探讨老生常谈的旧问题，而是为了使我们避免活在一个宽泛而扁平的、过度简化的世界中。以成对概念为中心的讨论将促进与理论的联系，理论上的讨论很容易陷入深奥和自说自话的模糊状态。因此，每一对概念都与一个特定的实际问题联系起来，理论与实践之间关系的重要性从而凸显出来。

戏剧学习 —— 内容与形式

规划课程 —— 结构与体验

教学方案 —— 方法与目的

戏剧评估 —— 内外部经验

戏剧发展 —— 创造与反馈

剧本应用 —— 感受与形式

戏剧表演 —— 过程与呈现

戏剧和语言 —— 意义与逻辑

戏剧与美学 —— 表达与再现

几个章节将以"语言"为主题线索进行串联，不仅探索相关的概念和联系，而且思考"语言"和"意义"的观点上的隐含意义。维特根斯坦将哲学描述为一场"用语言的方式对抗人类智慧的魔幻斗争"。哲学问题的解决不是通过寻找新的信息,而是通过重组我们已经知道的东西,并保持对语言混淆思维方式的警惕。这并不意味着他认为哲学是一种难以理解、无关紧要的东西。他问道:"如果对你来说,学习哲学只是为了对一些深奥的逻辑问题有一些似是而非的想法,或者如果它不能改变你对生活中重要问题的看法,那么它有什么用?"同样地,关于戏剧的理论讨论需要能启发和完善对于实践的思考。规划教学大纲、制定目标和发展教学方法等实际问题有时可以从看上去并不相关的理论中受到启发。

面对任何一组两极化的概念和随之而来的问题,我们容易得出这样的结论,即理论和实践的解决方案在于提出一种平衡两个极端的方案,从而每次都通过某种无谓的妥协解决问题。但是这样的结论总是过于简化的。原因之一显然就是提出平衡的方案实际上没有任何重要意义。即使在两个极端之间找到平衡这一概念被接受,那么关键问题也必然在于这种平衡在实践中是什么样子的。然而,一个更深层次的问题是,仅仅提出一个平衡的方案,意味着两极位置上的概念实际上是真实存在的,成对的词实际上意味着世界上泾渭分明的不同实体。在几乎所有学术讨论领域,我们都必须面对语言用于刻画世界太过简化,这种语言本身的匮乏性。"综合"一词的使用旨在提出概念的融合而不是"平衡"的想法,而"平衡"仅意味着试图在两者中寻找合适的中间点。它也优于"合成"这个词,因为"合成"意味着混合,以及不同主体的特性的丧失。

综 合

对于本书采用"综合"这一概念作为写作的基调,但对它的使用本人有几点顾虑。首先，在教育领域，"综合"具有一种不同的、更常见的含义，因为它通常指的是在教学计划和教授课程时将某一学科与另一学科联系起来的实践。综合课程的概念在20世纪70年代被广泛接受，但从国家课程问世以来，它在英国基本上被忽视了，其他国家则对这个概念保持着更多的关注。我使用这个词的意图不是建议将戏剧与其他学科或其他艺术形式结合起来，尽管这两个问题本身都值得探讨。

创造一种戏剧教学的"综合"方法的另一个风险，在于推荐或尝试探讨的似乎看上去是一种新的戏剧"宏观理论"，这和事实相去甚远。综观全书便可逐渐清晰，"综合"一词明显没有用于描述一种新的实践形式，而是被用作一种构想，来试图解释和阐明戏剧教学的理论和实践的各个方面。很多专家和教育工作者采用了我认为的戏剧学科的"综合"教学方法，本人也将借鉴他人的工作对这一概念进行阐述。一个新词的引入仅仅是为了"在探讨的土壤中撒下新的种子"，而不是为了生成一个新的理论。（维特根斯坦：1998：4）

"综合"一词的使用既有实际意义，也有理论意义。它旨在表明，如果对戏剧教学的包容性仅界定为不加区别地接受任何方法，那么它本身是不充分的。对于那些从20世纪70年代和80年代戏剧教育重大发展中看不到任何价值的研究者们来说，戏剧可以接纳不同内容与概念的特点过于宽泛。虽然这里的目的不是执着于过去，但新一代戏剧教师必须了解之前所取得的重大进展和失误，以及他们对当代理论和实践产生了怎样的影响。

教育戏剧（Drama in Education）

在当下的教学实践中，如何找到教育戏剧所能借鉴的经验？这不是一个容易回答的问题。主导当前许多实践的"惯例"训练（例如使用画面定格、角色提问、思路跟踪等），其起源可以追溯到教育戏剧的代表倡导者希斯考特（Heathcote）和博尔顿。另外，诺曼在画面定格等练习中却没有体现出任何类似于他常遇到的感情色彩。对于他而言，由教师带领的集体即兴表演为最成功的戏剧提供了条件。所以，要辨别或阐明教育戏剧的经验并不总是那么容易的，因为它更常被按照它不是什么而非是什么，来被定义为"戏剧技能、即兴表演、角色扮演或演出以外的东西"。

教育戏剧通常被定义为一种特殊的实践类型。奥图尔（O'Toole）将戏剧教育定义为"虚构的角色扮演和即兴创作"；奥尼尔（O'Neill）更倾向于将它定义为"过程戏剧"；博尔顿将"创作"（其中包含"体验"戏剧过程）描述为一类特定的表演行为。一些专家将"体验"戏剧过程与"过程戏剧"等同起来，而另一些专家则并不认同。这些问题将在本书的后续章节中展开讨论。泰勒（Taylor）更多基于戏剧教育这一视角出发，将戏剧在实践中的运用定义为"教育引导者通过操纵戏剧形式来帮助参与者行动、反思和转变"。所有这些专家的观点所共有的是一个隐含的假设，即教育戏剧涉及一系列特定的实践，这些实践通常需要一个高水平的教师，通过高度依赖不同类型的即兴创作的方法，引导一个集体获得一系列丰富的、艺术的和具有教育意义的体验。然而，按照这种说法，将教育戏剧削减为某一特定的、有限的实践组合，就有可能放弃太多的课程空间。如果"教育戏剧"的经验仅限于一套实践，那么就不太可能对相关内容的进展、技能的获取、戏剧的思考、演出和评估的重要讨论产生影响。

本书的主题之一就是探索一个全新的视角，来检验将教育戏剧的经验视为研究戏剧教学而非某一特定实践组合的根本思路，会不会实际上更行之有效。这种方法在理论和实践中的意义将在本书中进行探讨。

本书旨在将理论与实践联系起来，但不像其他一些书籍有那么多实践课程案例和建议。它旨在补充其他书籍，而不是重复其内容。仅仅对实践（游戏、戏剧练习和戏剧结构的示例）感兴趣的中小学戏剧教师，可以在市面上寻找一些本书中提到的书籍。但是，我很少遇到对于戏剧教育相关理论不感兴趣的戏剧教师。在20世纪90年代的四年里，我有幸成为华威大学和中央英格兰大学举办的文学硕士戏剧课程的校园研究员。这种丰富的经历印证了我的观点，即来自世界各地的戏剧教师对用于启发实践的理论思想充满热情。近年来，我有幸与之合作的老师也证实了同样的观点。我特别受益于与埃格尔斯克利夫学校的托尼·吉尔斯（Tony Gears）、格兰杰菲尔德学校的苏·加赛德（Sue Garside）和杜伦大学的吉尔·斯克里姆肖（Jill Scrimshaw）的讨论。杜伦大学以前的研究学者帮助我开阔了对戏剧的视野；在这方面，我特别感谢罗马教皇大学的塔德乌什·列维奇（Tadeusz Lewicki）。目前在杜伦大学的研究生，特别是崔尹贞（Yoon-Jeong Choi）和黎智惠（Chih-hui Lai），也为我提供了研究戏剧教学的国际视角，并用新的眼光看待戏剧教学。我在书中多次提到盖文·博尔顿和多萝西·希斯考特的教学和著作，他们的研究对我产生了相当大的影响。当然，我要真诚地感谢戴维·霍恩布鲁克对我的思想产生了影响，他对我的影响就像他在过去12年里对许多其他研究者在戏剧教学上的影响一样。

第 **1** 章

戏剧学习：内容与形式

引　言

　　两所学校开设了两堂同主题不同形式的戏剧教育课程。其中一所学校的教师给学生们布置了一个小组任务，让他们通过对话和动作来表现太空船在外星着陆时的景象。在课程快结束时，学生们将想法展示出来，老师和同班同学需要给他们的表演提出意见。另一所学校，学生们需要在一个虚构的记者招待会场景中进行即兴表演，四位学生扮演太空旅行者的角色，回答由同学们提出的关于他们在其他星球上见到的与文明相关的问题。

　　如果对这两所学校的戏剧课程进行区分，其中一种思路是，一个更强调形式，另一个更注重内容。第一所学校的课程更侧重于表演呈现相关的技术问题，第二所学校的课程则更关注主题。另一种思路是，这两堂课的重点也不同，第一个课程比第二个课程更注重培养技术技能，相比之下第二个课程更具有潜力探索思想。在这里给出这两个课堂案例，并不是要大家去对课程内容进行任何定性的判断。如果要做出一个重大的判断，我们不仅仅需要分析某一节课，更需要对整个方案进行评估。第一个课程也许能通过用虚构的星际旅行来展现关于人类生活和自然的重要问题，从而为一部剧的小组创作过程奠定基础。第二个课程如果继续进行的话，可能对戏剧形式进行更深入的应用。

　　对于一些戏剧教育理论家而言，用"内容"和"形式"的概念来描述不同的戏剧教学方法是很便捷的做法。达尔德利（Daldry）在对霍恩布鲁克的《戏剧技巧》一书作进一步探讨的文章中称："与年轻人一起进行的戏剧工作过于重视内容而忽视了形式。"在过去的30年里，戏剧课程一直关注无家可归、欺凌、虐待儿童等社会问题，但"我们却很少看到对戏剧形式的探索"。除了过分强调内容外，他还表示，人们一直关注"半即兴的自然主义"，并将其作为"一种占主导地位的表现方式"。达尔德利在这里批评了这种由一种戏剧风格占主导地位的理论。这种论调在20世纪70年代可能还适用，但现在情况已经完全变了；只要简单略读一下最近关于戏剧教育的任何一本书，都能发现相关方式方法的多样性，而这些方法现在也是戏剧教师教学的重要部分（尼克尔森，2000）（本纳森：2000）。然而，他的批评确实也引发了一些思考，即我们是否需要在戏剧学习的目标中决定"内容"或"形式"的优先权。要回答这个问题，我们首先要解决的就是"形式"一词的含义。

"形式"的使用

在关于戏剧的讨论中，"形式"这一概念以不同的使用方式被使用，不同的强调方式反映了艺术理论史上对这个术语的多样化运用。例如"平衡结构"（亚里士多德，Aristotle），"带来对基本存在的感知的和谐状态"（阿奎奈，Aquinas），"现实的形而上结构"（柏拉图，Plato），"设计"（康德，Kant）。针对这次的讨论，本人将对该术语在戏剧理论背景下的五种用法进行描述。需要强调的是，这不是在尝试对其进行系统化的分类，而是描述实际使用中的语言。二者之间有很重要的区别，因为根据不同类别进行呈现，意味着对可以明确进行区分的、离散的不同类型进行罗列。但"形式"的五种用法（在这里通过使用术语来描述）包括"本质""流派的""风格的""文化的""个性化的"，在很大程度上有所重叠，并且其中的一些用法经常包含在其他用法中，这也造成这一概念的使用更加混乱。

"形式"这个词有时用来指代对艺术自身进行定义的一般概念，可称为"本质的"形式。从某些角度来讲，这一术语的使用并不合适，因为本质主义在赋予语言意义方面的危险性正是本书的中心主题。可是，它确实突出了艺术的一个重要的定义特征。根据叔本华（Schopenhauer）的说法，艺术形式"将我们所思考的对象从世界的流动中剥离出来，并将它孤立地呈现于我们面前"。俄罗斯形式主义者认为，艺术或文学的过程是"陌生化"或"使熟悉的变得陌生"（什克洛夫斯基，Shklovsky，1988，首发于1965年），布莱希特（Brecht）的作品中也出现了一个具有更多社会和政治目的的类似概念。萨特（Sartre，1972）表达类似认知的方式可能更加模糊，他将艺术作品称为"非现实的"。这些观点的共同之处在于，都认为艺术在本质上依赖于人的介入和意图，这就是"艺术"与"美学"概念的本质所在。我们可以在美学意义上被日落的美景打动，但我们将"艺术"一词留给艺术家定义成人为创作的作品。学者杜威（Dewey，1934：48）很好地把握了这个想法：

> 为了说明以上观点，我们假想有一个原始民族制造出来的精细锻造的物体，其纹理和比例在感知上非常令人愉悦。后来，又有新的证据表明它是大自然偶然的造物。作为客观对象，它现在依然是它以前的样子。然而，它不再是一件艺术品，而成为自然的鬼斧神工。它现在属于自然历史博物馆，而不是艺术博物馆。[①]

这种见解本人用下面的例子进行佐证。想象一下，在学校教室里正在上戏剧课。在"表演"中，大家正在"正常"地上一节课，教师和学生正在扮演教师和学生的角色：在虚构的课程中没有反常的现象发生。如果有人从外面走进来，他们很难知道发生的事情实际上并不只是一节课。课程中很少使用形式（某种意义上的）这一说法并不是不合理的。但在最广泛的抽象意义上，形式仍然贯穿其中，因为所有参与者都接受了这一情景的虚构性。

彼得·汉德克（Peter Handke）的戏剧《冒犯观众》（*Offending the Audience*）明确地挑战了剧院的所有常规惯例。正如一位叙述者（而非角色）所说：

---

① Dewey, J. (1934) *Art as Experience*. New York: Capricorn (1958 edn).

021

　　这些舞台并不代表另一个世界，而是现实世界的一部分。这些舞台为了我们的表演而存在。舞台世界与你的生活世界没有什么不同。你不再是旁听者了，你是主题，你是焦点，你正处在我们对话的冲突点上……我们的表现不是单纯为了启发你，我们也不需要任何技巧来启发你，我们不必呈现有效的戏剧表演。我们的舞台没有入口，我们的舞台没有出口，我们不会在旁边跟你说话。[1]

　　然而，正如库恩（Kuhn）所说，这是一个"光荣的悖论"，即对戏剧的正常传统持反对态度的作品被呈现在戏剧中，无法摆脱它的一个至高无上的本质定义的特征。

　　"流派形式"一词改编自埃尔德里奇（Eldridge，1992），指的是与戏剧定义相关的一些方面，而这些方面与视觉艺术、音乐或小说等其他艺术形式有很大不同。奥图尔（O' Toole，1992：3）使用术语"流派"来描述戏剧实践的不同表现形式（戏剧教育就是其中之一），并指出该术语的使用因流派理论而变得复杂化。博尔顿和希斯考特（Heathcote，1999）提到了不同流派的角色扮演类型，目的是描述而不是定义不同的特征用法。针对戏剧本身作为一种流派的思考，与诗歌和小说是不同的，这种思考可以对实践进行解释。戏剧通过使用空间、时间、张力、焦点和符号来呈现，但其他艺术也采用了"形式"的这些方面。听音乐会需要花时间，思考一幅画的内涵也需要时间，雕塑占据空间，小说常常依赖于营造紧张氛围，而诗歌则使用象征。探讨戏剧如何以独特的方式运用形式和其他方面会更有帮助。

　　与戏剧有关的流派形式的例子：

· 主要通过对话表达主题

戏剧能洞察角色的内心世界，但这是通过外部对话而实现的，并不是通

---

[1]　Handke, P. (1997) *Plays*. London: Methuen.

过小说式的内心独白。明白戏剧叙述的这一特征对学生来说很重要，因为学生需要逐渐学习在不使用华丽辞藻描述场景的情况下展现作品的技巧。对思想追踪或叙述等技巧的过度使用，与戏剧作为一类艺术的基本特征相违背，即戏剧需要通过外在表现的对话和人物行动来传达隐藏的意义和潜台词。

• 时间可以被操纵但也受到限制

当戏剧还处于小组创作阶段时，可以打断排演，暂停表演（尽管这种干预在作品呈现时不会发生）。在戏剧中可以加速或减慢时间（就像小说一样），但它始终给人一种占据"真实时间"的错觉，这与小说是不同的。无论虚构环境中涵盖的时间跨度如何，戏剧表演都需要一定的时间进行呈现（一般戏剧时长为两到三小时）。

• 具有现场性

戏剧具有现场性（不像电影那样预先拍摄），这是其特点之一。对于教师来说，认识到戏剧的现场性不同于电影和电视剧，对于戏剧是十分重要的。它不能以（和影视作品）相同的方式进行创作。戏剧依赖于演员的互动和交流与现场观众的观演关系。因此，戏剧比电影或电视剧更具现场体验感。

• 依托于焦点

视觉艺术也依托于焦点。然而，焦点在戏剧中的重要性在于，它在给人复制现实生活的幻觉的同时，通过选择并突出特定的元素来吸引观众的注意力。参与者可以在戏剧中构造现实的外在表现（因为他们是真实的人，占据真实的空间和时间），同时知道这些行为不会造成现实的后果这一事实，这是其教育力量的一个来源。许多创作者在戏剧教学中对"自然主义"应用得越来越少（诸如定格画面化、风格化重复、思维跟踪等方法）。然而，斯坦（Styan，1981：1）指出，随着时间的推移，"自然主义"也发生了变化。他引用了爱德华·克雷格（Edward Craig）在《戏剧艺术论》（*On the Art of the Theatre*）中的观点：每一次关于表演的发展都会让它变得更加"自然"。

> 随着时间的推移，安托万让欧文的表演看起来很人为化，反过来，安托万的表演"只是斯坦尼斯拉夫斯基表演的一部分"。那么，克雷格问道："这是不是意味着'自然'？"他回答说："我发现它们只是一个新的人为性的例子 —— 自然主义的人为。"①

斯坦（Styan）认为写剧本也是如此。描绘一个早餐场景或一个看电视的家庭如果被视为"好"的戏剧，不太可能完全是自然主义的，因为它不太可能以一种简单的方式反映现实。（见第9章）

这些对形式的描述必须被视为所讨论的艺术媒介的特征，而不是必要方面。例如，一部小说可能纯粹是在对话中写就，就像戏剧中出现脱离了正常对话形式的独白。莎士比亚使用独白来传达内心的想法，而希腊戏剧则使用歌队作为对行动进行评论的方式。这些例子并没有否认这些方面用于识别流派形式的价值，但同时也意味着会出现规则外的状况。戏剧随着时间的推移而发生变化：它总是试图"找到突破其媒介的时空限制的方法"。

"形式"一词有时也被用来形容不同的戏剧性"风格"（例如现实主义、象征主义、表现主义、史诗剧），而它们也被称为"流派"。斯坦将"风格"描述为"作家、演员或观众观看的不同方式"以及"戏剧性交流（1981）的必要条件"。不同的风格往往与不同的剧作家联系在一起，但它们也经常相互交织：

> 易卜生（Ibsen）是一个现实主义和象征主义的作家，斯特林堡

---

① Styan, J. (1981) *Modern Drama in Theory and Practice 2. Symbolism, Surrealism and the Absurd.* Cambridge: Cambridge University Press.

（Strindberg）同时包含了自然主义和表现主义；在写作象征主义戏剧时，皮兰德龙（Pirondello）也成为荒诞派的开拓者……①

风格可能会影响我们描述流派的方式（这也进一步证明了术语的使用的复杂性）。斯坦列出的与早期表现主义戏剧相关的特征中，包括了以下内容："相比于精心制作的戏剧性冲突 …… 情节和结构更倾向于相互脱节，重点被放在一系列戏剧性的陈述 …… 对话，与对话不同，是诗意的，多愁善感的，热情的，狂想的 ……"相较于我们头脑中更传统的"自然主义"戏剧，这些特征可能提供了一种不同的流派形式的描述。这些考量表明这些概念是如此多样的。

"形式"这一术语也用于指代跨越"文化"的不同方法，如剧院形式（歌舞伎，能剧）。布拉马查里（Brachmachari）在霍恩布鲁克（1998）指出通过戏剧考察人类、历史和艺术实践的特殊性是可行的。她认为，让学生从不同国家（尤其是非西方传统）体验戏剧，可能会促进宽容、敏感和相互理解的价值观，同时扩展学生对戏剧作为纯自然主义的主导观念。这不是为了提倡在对其他戏剧形式的研究中简单地将其作为其他国家的研究，而是要将其"作为探索在不同文化和历史的人民之间过往和当下的交流的手段"。

"个体"一词用于表示将一件作品与另一件作品区分开来的形式（特定的运动、灯光、声音、符号的具体用途）。

这样描述个别的形式：我们被一个作品的独特性以及其他任何改变对其意义和效果产生的破坏所震惊时，会说对于任意一个作品，"艺术形式"就是指最适合它的表达方式。

在教育的语境中，个别的形式也可以指戏剧中的特定教学方法（动作

---

① Styan, J. (1981) *Modern Drama in Theory and Practice 2. Symbolism, Surrealism and the Absurd.* Cambridge: Cambridge University Press.

定格、角色提问）。

总而言之，"形式"这一术语以各种方式被用于戏剧的语境中。这些用途没有很绝对的分类，因为它们以复杂的方式重叠和关联。例如，"焦点"可以被视为基本形式的一个例子（因为所有艺术都是从现实生活中选取的，或者在生活中得到印证的）、流派形式（因为这种选取和印证以特定方式发生）和个体形式（特定戏剧的美学影响往往依赖于特定类型的焦点）。这种描述并没有那么强的绝对性。人们可能想要对其进行补充，比如这个概念在过去是作为定义存在的，就像亚里士多德在特定的形式特征或更抽象的意义上阐明"悲剧"的概念时一样，如朗格（Langer，1953）定义为"表达"。在写戏剧教学中，形式通常指结构（在第2章里会详细说明）。而这里的五种用法有助于探讨形式概念与戏剧教学和学习的关系。

只有当学校没有使用来自不同文化或各种风格的戏剧形式的时候，达尔德利（Daldry）关于校园戏剧不强调形式的论点才有可能是正确的。不过同样可以论证，如果学校的戏剧课程提供的是一系列不同文化和风格形式的表面知识，可能会有抑制而非促进对流派形式的深刻理解的风险。

戏剧的教育价值很大程度上源于其"基本"形式，即它作为一种最广泛意义上的艺术形式所具有的功能。它的价值不在于再现现实生活（许多学生受到电视的影响而将这种观念带入他们的创作中），而在于以现实生活中不可能发生的方式探索体验。特别是在考虑适合幼儿的戏剧类型时，这种观点很重要。在小学低年级，作品更像是儿童的戏剧性游戏。为了让作品在某种程度上满足艺术作品的标准，而过早地引入形式是错误的。戏剧学习可能需要更多地以"基本"形式为基础。

关于戏剧方法的知识通常被理解成"个体"形式，这有时会导致低层次的教学目标不明确。通过以下分析很容易得知其产生的原因。个体形式是基于特定戏剧的，因此难以上升为具有普遍性的方法。许多对戏剧方法的传统描述似乎有些无力，在戏剧教学中存在一种假设，即只要有一个熟练的老师，那么无论学生的经验和技能如何，整个团队都能创作出精彩的作品。这个立场很绝对，但相反的观点又会犯另一个错误，将学生本可以自然习得的实践经验拔高成了需要专门教学的技能。哈兰德（Harland，2000）等人将"即兴创作"描述为一种专业性的技能，但是对大多数年龄足以进行对话的学生来说，只要能找到话说，就能轻松实现即兴创作。大多数小组都可以学会如何在几分钟内创造定格画面，换言之，戏剧能力不在于练习一个定格画面，而在于创造一个有含义的舞台画面造型。因此个体形式与内容之间的关联就十分重要。

内容与形式的统一

讨论内容和形式的关系时，一大困难就是它们有时会难以相互区分。内容和形式，或"物质"和"实质"的统一性，长期被奉为艺术思想的基本原则。它部分源于这样一种观念：艺术中的意义是独特的，不能被转述或翻译，"艺术作品不可能在不损失内容的情况下变换形式"（格雷厄姆，Graham，1997：50）。另一个相关的想法是"内容"和"形式"不能相互分离："唯一真正的艺术作品是那些内容和形式结合并统一的作品（黑格尔，Hegel，1987）。"这反过来导致了这样一种观念，即解析艺术作品意义的尝试必然不会成功。"艺术作品自身就蕴含意义，不必被命题式的知识所框定。"（阿布斯，Abbs，1992：5）凯琳（Kaelin）表达了如下想法：

> 内容和形式 …… 不是对立的术语：似乎是艺术家首先拥有了这种形式，然后再将自己的经验内容倾注其中，像用模具进行铸造一样；又或者是艺术家首先有了要表达的内容，再寻找适合的表达形式。但这两种方法都是错误的。[①]

为接受内容和形式统一的原则，可以强化以下信念：筹备、教学和评价戏剧时，形式应优先于内容，这不是因为内容可以被忽略，而是因为内

---

① Kaelin, E.F.(1989)*An Aesthetics for Art Educators*. New York: Teachers' College Press.

容是客观存在的。毕竟戏剧总是关于某些东西或事件的，换言之，内容始终存在。在20世纪70年代和80年代，戏剧教育工作者们努力阐述学生从戏剧中学习到了什么内容，比如引导学生的观念从"警察是对立的人"转变到"警察也是一个有家庭和亲人的男人"。然而这种转变难以证实其有效性，因此内容很难用作评估戏剧效果的手段。相反，形式就提供了一个更可行的评估目标，并且在艺术思想史中，确实也已经有形式重于内容之上的先例。

一、重形式

美学中的"重形式"理论是这种观点的一种极端形式，因为它不仅认为内容不必另加关注，而且实际上否认了内容的重要性："欣赏艺术品时，我们不需要现实生活的经验，也不需要了解它的背景故事和主旨情感。"（贝尔，Bell，1969：91）这种观点现在看来有点古怪，但需要在历史背景下加以理解。贝尔关于"重形式"的理论可以被视为对"艺术目的简单化"的挑战，这种论点认为艺术的目的就在于尽力重现现实。正如科林森（Collinson，1992：144）所指出的那样，贝尔的理论更多地应用于视觉艺术，并且"是在印象派和后印象派画家的作品让许多人感到困惑的时候写的"。这些人在新的绘画风格中看不到什么优点，因为他们习惯于通过内容和主题方面来评判绘画，而不是形式。

我们可以把艺术品的创作和评论过程中产生的对内容或形式的强调放在历史语境中，在观点间的回应与争鸣中进行理解和评判，戏剧教学也是如此。20世纪70年代的大部分即兴戏剧教学都很强调内容。这在"为了学习而表演"或"为了理解而表演"的理念中很明显，这些理念认为学习目标与内容高度相关，戏剧学习应当关注生活，尤其是社会关系和社会问题（这个想法将会在本章后面详细讨论）。然而，重要的是要防止任何简单地将这一强调归结为对先前理论的反转的倾向（如在重要形式的理论中发生的那样）。这会过分强调形式（或特定范畴的形式）而牺牲内容。

如果我们回看本章开头给出的例子，很容易发现，前面的描述似乎确实降低了内容的重要性。有人认为，只有在了解整个项目的发展情况之后，才能对这一课程作出判断，这是正确的，但不妨假定这里给出的例子能反映整个项目的特征，即为了技术性的形式追求而牺牲了内容。这场戏里当然也有一些内容，它讲述了一场星际旅行，但这里的内容不具有重要性。在这场戏中，过分强调了再现真实情景（使其看起来正确），对本质形式的影响却缺少认可（这些特定的行为是怎样阐明生活经历的）。在这里可以看出，视觉艺术和戏剧之间存在显著差异。在前者的语境中，"重形式"理论的倡导者挑战的是艺术评价中的重现论。而在戏剧中，过分强调重现却可能导致对形式的过度关注，从而缺乏内容。

二、重内容

尽管在美学中有关于形式和内容不可分割的观点，但有时还是可以通过概括作品的内容来翻译或传达特定艺术作品的含义。我们可以用"我爱你"简单地传达奥登（Auden）《摇篮曲》（*Lullaby*）的内容，作品开头如下：

> 亲爱的，将你熟睡的头，/Lay your sleeping head my love
> 枕在我失去信仰的臂弯上，/Human on my faithless arm
> 时间和热情燃烬，/Time and fever burns away
> 深思的孩子们，/Individual beauty from
> 有各自的美。/Thoughtful children

莱亚斯（Lyas, 1997 : 99）认为，有些人可以将"我爱你"三个字说得像任何诗歌一样饱满含情。然而，他进一步说道，诗歌虽然可能与平白的表达在强度上接近，但在广度上仍然不同。"诗中有更丰富的语言，因此在回响、共鸣和联想的范围上有难以量化的优势。"这首诗就不仅仅是一种爱的宣言，也表达了其他转瞬即逝的自然体验。整首诗有一种抒情的基调，但在第二行中加入"失去信仰"这个词，限制了过度浪漫主义的任何可能性。我们确实可以通过某种方式从形式中抽象出内容，但在此过程中会丢失意义。

我们将此与哈罗（Hahlo）和雷诺兹（Reynolds，2000：144）在戏剧工作坊中对"我爱你"的处理进行比较。场景很简单：三个朋友共处一室，一起吃早餐 —— 他们的对话必须围绕早餐进行。三人一直进行即兴表演，直到老师秘密地告诉其中一个参与者她爱上了另一个同伴。之后他们仍然只能围绕早餐对话。

即兴表演将会发生变化。如果请观察者解释他们所看到的内容，在他们说出"路易斯喜欢马丁"之前，他们也可能会说路易斯被告知的是"要为马丁做任何事"，或者她正试图"挤走娜塔莉"。这些信息都来自老师给予表演者的强烈目标：我想告诉你我爱你。要求观众说出哪个即兴表演更具吸引力，他们总是会说第二个。目标确定了一个场景结构，并吸引了观众。尽管观众可能不知道目标是什么，仅仅是看某人追求某些东西也会更有趣。（同上：145）

为了使这项练习有效，表演的学生需要对"约束"的概念有所了解，这种概念可以被解释为流派形式的一个重要元素。一个没有经验的团体可能无法理解约束的必要性，即使约束内置于场景结构中 —— 表演不成功的女孩可能会上场就直接坐在男孩的膝盖上，从而破坏交流中一切微妙的元素。形式比内容更深入（如诗歌示例中所示）。这并不是说奥登的诗没有深度，但是戏剧并不是依靠增加暗示和引用来获得深度，而是在正在发生的事件表象下面增加了一层意义。形式增加了内容的深度，但这并不能阻止我们以某种方式从形式中抽离内容。

在解释内容和形式的关系对学习这一概念的重要性之前，我们将通过详细的例子对讨论进行深度和广度的拓延扩展。

课程示例

以下的例子是一部实验性戏剧的片段，我们将从内容和形式两方面进行评价。两组年龄和经验程度不同的学生被给予相同的素材（一首四行诗），并被要求以小组创作的方式完成一部原创短剧。这不是一节常规的戏剧课，而是为了观察和记录学生在没有老师帮助的情况下如何创作一个戏剧片段。作为戏剧素材的诗来自布莱希特《伽利略传》（*Gallileo*）的最后一场（虽然并非所有版本的剧本都包含最后这一场）。

> 一二三，四五六
> 老玛丽娜念魔咒
> 她晚上骑上大扫把
> 到教堂顶上她吐了

在展示两组学生开展任务的方式之前，有必要分析这首诗自身的内容和形式。它没有明显的叙事内容或张力，没有显现任何改编为戏剧的潜力。虽然有翻译的影响，但节奏和韵律有点不和谐，显得稚嫩。在第一行和第二行中有一致的六个音节，但这两行的流动没有节奏性，因为第一行的断音节拍让位于第二行更加破裂的单音节词和三音节词。传统的文学评论者可能会试图将破碎的诗句与巫婆的扫把飞行联系起来，但我们同样可以认为这是翻译不良的结果。然而，诗歌的内容和思路结构仍然值得思考，因为这决定了学生的反应，无论以多么无意识的方式产生影响。

这两个七人小组的学生们（11—16岁）都被告知这是一个实验，而不是一堂普通的课程。两组都被告知他们可能会觉得任务具有挑战性，任务的完成不限时间，并且都允许录制视频作品。他们得到了指令，需要尝试根据得到的几行文本创作一部戏剧。他们可以把这些文本放到戏剧当中，但也不是必须这样做，如果愿意的话，文本也可以被处理成旁白。拿到诗歌文本后，整个小组在完成创作之前不再与老师讨论。

12年级的七名学生（恰好都是女孩）都是戏剧研究小组的成员，并且有丰富的戏剧经验（包括 GCSE，即普通中等教育证书）和戏剧基础知识。她们显然很习惯这种以小组形式展开工作，并有信心完成任务。她们非常关注文本本身，并在一开始就考虑使用舞台造型和思维跟踪的方法来表达每一行诗的内容。她们尝试了不同的阅读方式和对应的形体动作。第一个作品虽然很简单，但实际上已经完成了：扮演小孩的六个学生围成一圈，每个人都从前两行喊出一个数字；扮演玛丽娜的第七个学生在圈外绕行，边走边说出第二行诗。然后，孩子们表达了她们对玛丽娜的想法："她有一只猫""她还有个扫把，我昨天晚上看见她了""还有个大锅"等。在最后一个小孩说出"她夜晚骑上大扫把"之后，第三行诗也被编进了作品中，最后大家一起完成了最后一句。

这第一个"作品"更像是戏剧化的阅读，而其本身并不是一部戏剧。学生们的表演即是根据诗歌的内容开展的，讲了这个关于女巫的故事，但是这首诗的形式还是对作品的构建方式有更大的决定作用。我怀疑，如果学生们只是得到了一个女巫的故事，考虑到她们的经验，她们可能会创作出一些更侧重意义和内容的作品。虽然形式并不是原本的指令的一部分，但她们还是在某种程度上受到诗歌形式的限制，并且不由自主地在最终作品中重现诗歌的形式。

如果不是一个学生提出，她们的一切表演可能都只是一个孩子的想象，这次创作可能就已经结束了。由此，创作开始发展并加入了更富有意义的内容。她们现在认为她们没有必要表现戏剧中的女巫，而将焦点集中在一个年幼的孩子塔米身上，她坚持认为玛丽娜只是一个普通的老太太。她们增加一些新的场景，其中这群孩子和塔米分别对玛丽娜有不同的反应：这个"局外人"孩子被独特的巫婆吸引了。第二个作品以韵文开场和结束，但在最终版本中，孩子们把诗中的"老玛丽娜"换成了"小塔米"，即那个非常显眼的小孩子（她的站位也在圆圈之外）。作为戏剧，这一版更令人满意，因为它的内容更富有意义。虽然它表面上看起来仍然是一个女巫的故事，但它更深入地关注了同伴的压力和个体的独特性。第二个版本没有丢弃她们在第一次尝试时所使用的形式元素：富有仪式感和节奏性的吟唱，象征内外界限的圆圈和表达思想的旁白都被用在了这个版本里。

7年级的学生（3个男孩和4个女孩）能力参差不齐，但几乎都没有戏剧经验。其中两人参加过课外创作，但总的来说他们的经验是有限的。他们非常积极主动，并以同样饱满的热情和想象力投入到任务中去。他们最初的想法五花八门，而且并不意外地集中在戏剧的内容上："故事背景可以放在古代，每个人都会认为她是女巫""他们不知道她是女巫""孩子们路过背景里的房子的时候，冲着那边指指点点，嘴里唱着充满恶意的歌谣""一、二、三、四、五、六，这可能是晚上教堂的钟声""可能到了她要出来的时候了""孩子们模仿这个钟声，到第六次的时候她就变成了女巫"等。然而，学生们并不能轻易地将这些想法转化为戏剧的形式。他们的第一个作品是经典性的戏剧片段：学生们轮流当女巫，追逐那些兴奋地尖叫着逃跑的人。这场演出确实有自己的魅力和基本样式，但由于学生找不到合适的形式而使其缺乏重要的内容。

为了找到体现和发展他们想法的适当形式，教师有必要进行介入和帮助。这一部分的计划既是为了不让他们在创作结束时产生一种挫败感，也提供了另一个展示内容和形式关系的具体例子。事实上，学生们并不觉得他们的"创作"失败了，但他们欢迎老师帮助他们优化自己的想法。老师的介入主要是提一些有针对性的问题来探讨他们的想法，即增加旋律把玛丽娜变成了女巫。这个想法在他们最初的讨论中有所体现，但在试图将想法变为现实的过程中却丢失了。学生们还需要被帮助选择可以将叙述转换成情节的特定场景。他们的第二个作品有更多的叙述性内容：老妇人玛丽娜帮助了在公园受伤的小孩，但社区里关于她的一些流言（说她批评孩子的父母并夸大她自己的努力）使社区里的人敌视她，谣言传播她是一个女巫。环境的敌意和戏弄（孩子敲门并逃跑）使得她真的变成了一个女巫（最后以非常程式化的方式表现）。

学生提供了这些想法，但他们在使用三个不同的舞台空间、构建不同的场景和使用"耳语"约定来模拟流言的传播这些方面都需要帮助。

两个小组在最初都制作了缺乏有意义内容的作品：12年级的学生使用她们的戏剧形式知识来表现这首诗，7年级的学生则用戏剧游戏的方式参与了进来。高年级的学生使用她们先前具有的戏剧形式方面的知识以及对戏剧更全面的理解来进一步发展作品。教师对7年级学生的介入表明学生可以及时学会并独立使用学到的技能（能够将戏剧转化为场景结构，找到开头和结尾，以不同的角度理解故事）。这两种情况下，戏剧都在构建过程中逐渐生成了符合社会语境的主题。创作过程的重点在于制作戏剧，而不是先确定内容；后者是在这个过程中被"发现"的。通过小组阐释和表达的过程，学生学习和理解了内容。在这两个例子中，通过对形式的处理，我们得到了有意义的内容，但这绝不是必然结果。7年级的学生创造了一个简单的叙事，从其隐喻内容（一个人的行为和个性通常源于他们被对待的方式）中产生了它的深度，这与民间故事或神话有某些相似之处。这个内容不是预先想好的，而是从与形式的互动中产生的：找到一个简单的焦点并以简洁的方式表达平凡的生活，找到代表八卦的传播的方式，表现转变等。相对夸张的"戏剧性"元素也促成了最终作品的形成。由于之前在校园创作方面的经验，其中一名学生比其他学生更有信心，她不需要帮助就能通过形体化的方式表现出转变。在作品的前几幕中，这种自信并没有太大作用，在这些场景中，她刻意的"表演"反而带来了分散观众对主题的注意力的风险。

在戏剧中学习

为了有效地使用"内容"和"形式"两个专业术语，我们必须接受前面讨论过不可分割的原则，即在艺术背景下，意义是内容和形式的功能。然而，这并不意味着我们不能自由地使用这些术语来分辨戏剧的不同方面。事实上，如果不这样做，就存在一种危险的还原论风险，即忽略其中一个重要组成部分，或者假设一个概念自动包含另一个概念。承认形式和内容不可分割，但在实际操作中却将它们分开讨论，并不是什么奇怪的语言运用方法，而是所有语言的运用方式。（这个观点在第8章进行详细阐述）

在规划课程和描述戏剧成果时，应该在多大程度上考虑内容。戏剧教育的倡导者在"戏剧学习"的过程中看到了态度和理解转变的方式，这是戏剧参与的结果，而且超越了单纯的发展目标又获得了个人品质的提升。换句话说，"戏剧学习"的概念非常关注戏剧的内容而不是形式。博尔顿早期尝试用命题术语描述戏剧中的学习（例如，学生们了解到"警察也是一个有家庭和亲人的男人"），但这种用法被抛弃了，并被一种能够增进理解，且更具普遍性的精神力量的描述方式代替。（博尔顿，1979，1984）

用命题术语对学习来进行描述的问题，最初看起来相当清楚。它似乎在说明，学生通过一堂课或者一个项目能够增进对某些特定知识的了解（毕竟，如果主题发生变化，学生又该怎么继续学习呢）。如果戏剧的目的是帮助学生了解"警察是一个有家庭和亲人的人"，我们就有权问："在戏剧开始之前，学生不是已经知道这一点了吗？"即使我们设法找到一种评估这种知识的方法，我们如何确定它是因戏剧而获得？一些作家一直认为，以这种命题的方式将学习孤立出来，似乎是对艺术形式的背叛，因为内容以一种独特的方式体现在艺术形式中，以这种方式分离形式和内容是不合适的。

然而，这些反对意见只有在所讨论的"命题学习"被看作"事实"或"信息"的灌输的情况下才有效，例如"蜡烛被作为19世纪早期的舞台光源"。两者都具有相同的外部形式，但它们具有不同的功能。借用维特根斯坦的一个术语可能有助于我们的理解—— 这两种命题实际上属于不同的"语言游戏"。语言和语言游戏只能在特定环境中正确理解，而不能与其具体的功能分开。语言是"活动的一部分"（维特根斯坦：Wittgenstein，1953：23），也只能在特定的活动形式中被理解。根据这种观点，更容易看出，通过戏剧内容进行学习不同于学习一条信息，二者不能用相同的规则和期望进行评判。

关于这种戏剧能带来对某一特定知识进行学习的主张，有一个经典的挑战就是问"你怎么知道？"而这个问题要么无法回答，要么迫使一些创作者去寻找证据。但是，当詹姆斯用一种命题形式宣称"美是真理"时，他并没有被问到"你怎么知道"（格里格，Greger：1969）。在戏剧背景下，只有当这种关于学习的主张被作为评估的对象时，这个问题才有意义。本书第4章将会论述，对学生进步的评估需要基于学生对戏剧相关的知识和技能，而不是与内容相关的学习和理解来进行。然而，这并不意味着在戏剧的计划和教学时，要忽略内容的重要性。

只要在使用术语的时候能够明确其具体属于哪种"语言游戏"，那么对特定戏剧项目相关的内容、主题或理解（即使是以命题形式表达的）的具体阐释就是有价值的。一些教育实践可能犯了以牺牲形式为代价过分强调内容的错误。在确定用于评估的教学目标的时候，保证重要内容不会缺失或者被忽视是十分重要的。试图从概念上将内容从形式中抽离出来，并不一定会损失意义。艺术品的整体重要性或含义可能最终难以捉摸，但我们还是可以用一系列术语尝试对其进行解释（格里格，Greger：1969）。我们完全可以讨论一个剧本的意义，不过如果将这个讨论转换成一个不同的"语言游戏"则可能会带来荒谬的结果。如果有人声称通过观看《李尔王》了解到"生活可能是残酷的"，那么通过"他们一定事先已经知道这一点"来反驳他们的做法就会是很愚蠢的。

戏剧的内容可以用高度还原的方式来描述，这种方式所传达的内容在严格意义上来说并不能算是切实的重要意义（例如，《李尔王》是关于"家庭"的）。因此，为"重内容"这一术语（以适应美学形式主义者的术语）赋予超越简单用法的含义可能是很有用的。根据希斯考特的说法，戏剧描绘了"重要性"的问题。（约翰逊和奥尼尔，Johnson and O'Neill，1984）戏剧的主题可能只是被描述为"欺凌"，但其重内容需要以不同的术语传达，例如"探索欺凌者角色的复杂性"的探索。

内容与形式的讨论远远没有停歇。正如本书引言中所指出的那样，不能孤立地审视不同的概念，讨论中涉及的内容也将在后续章节中得到进一步的探讨。正如前文所言，我们可以通过指出以下事实的方式，将内容和形式的这种关系进行概念化：形式为源于经验的内容提供了基本的样式或结构。因此，结构和经验之间的关系程度需要进一步探讨。

第 ❷ 章

规划课程：结构与体验

第1章描述了一个基于布莱希特剧作《伽利略传》片段的面向11岁学生团体的课程。下文中的课程案例将这一项目转变成可以在其他课程中进行使用的课程结构。这里使用"课程大纲"的概念来提供课程中关键阶段及其结构的简要总结，而不是提供更多关于目标和内容细节的教案。

课程大纲 I

- 老师把某节选的诗句呈现在黑板上，要求全班大声朗读，并告知学生根据这个片段创作一段演出。
- 三人到四人的学生小组需要设计一个公园里的情境，其中，玛丽娜帮助了一个发生意外的小孩，但是当她带他到他家时，冒犯了该男孩的父母。
- 老师让学生集中围成一个圆圈，向他们介绍"悄悄话"的约定，然后让他们依着圆圈顺序重复关于玛丽娜的谣言，每个传言都变得比以前更加夸张。
- 使用默剧表演，每个小组都演出了一个场景，其中该地方的孩子敲了敲玛丽娜的门然后逃跑，以此取笑她。
- 学生们以一种风格化的方式表演玛丽娜变身为女巫，最终呈现出一个静止的画面，其中玛丽娜居于孩子环绕的圆圈中心。

我觉得很多老师都会意识到这个课程大纲有些不太对劲。这是基于一组学生行之有效的戏剧，但尝试创造一个可以成功复制的课程并不容易。一个普遍的问题是，不同的群体对相同的刺激或任务的反应不同，但任何课程计划都是如此。这个特定的结构有什么问题呢？在原有课程的案例中，教师在学生自己的想法基础上工作，帮助他们找到一种形式以阐释并发展他们的想法。在上面的例子中，教师具有较高指导性的作用，因此有可能消除学生的参与感。如果学生没有对戏剧（指对内容或对选择的形式）的真正投入，学生可能会感到厌倦并产生脱离感，或者无法以任何程度的严肃性投入创作中。可供替代的一种方法是，简单地向学生提供这段节选的诗句作为启发，并要求他们创作自己选择的戏剧作品。然而，这里的问题是它给偶然性留下了太多的空间，又使教师的确切角色和教学的目标变得极其模糊。

希望获得对戏剧的真正投入，是许多戏剧课教学忽视从文本出发的原因之一。自发的即兴创作可以获得印象深刻的个人经历，而基于他人写成的剧作被视为更客观、更无成果。后者更应该在英语课堂上作为文学文本被研究，而不是在戏剧创作中被赋予生命。本书第6章将更详细地探讨这一观点。

基于布莱希特的剧作片段构建课程的另一种可替代方法将稍后在本章描述，但即使按照这里给出的五个活动的顺序，一个更有效用的开头可能是在一开始就将"悄悄话"集会以游戏的形式介绍给学生。这将提供一种更合适的引入，并且至少允许教师将重点集中在一个方面：社群中的八卦会造成损害。然而，其他活动仍然过分依赖于告诉学生要做什么，以及如何诠释激发想象的素材，而不是给他们活动范围去建立他们自己的关联。

这里出现的挑战可以被描述为"结构"和"体验"之间的对立关系。使用预定结构工作的优点是更容易识别出重要内容、学习成果、适当的戏剧形式和评估契机。然而，这样做就很难对戏剧参与者的体验质量和性质给予足够的重视。尽管与强调融入感的戏剧更为相关，但这种对立关系并非戏剧所独有。从结构和体验之间的两极对立出发，可以以小见大，观察到一系列更广泛的相对立的课程规划方法。传统教育与进步主义教育之间的冲突主导了教育领域大量的争论。约65年以前，杜威在文章中写道："教育是自内部的发展还是自外部的生成物，这两种观点的对抗是教育理论历史的特征。"（杜威，Dewey 1938：17）时间更近且更为模糊的对立关系，渐渐成为"现代"和"后现代"课程规划方法之间的区别。

一、理论背景

在杜威之后近60年，多尔（Doll，1993）在他的著作《后现代视角下的课程》（*A Postmodern Perspective on Curriculum*）的核心中提出了一套类似的对立两极。他认为现代主义范式是一个封闭的、线性的、易于量化的系统，相比之下，后现代方法更加复杂、多元化和不可预知。以下是源自该书前言部分的引文：

> 开放性是后现代课程框架的基本特征，在辨别观念时能够捕捉到其特点。思维不是对自然的消极反映，而是以让生活体验变得有意义、有用的方式积极解释和转换概念的人类能力。在一个开放的系统下，学生和老师能够实现对话和沟通，比起现今封闭结构的课程可能产出的成果，他们创作出的题材和构思具有更复杂的秩序和结构。[①]

多尔提出了自己对课程乌托邦式的想象，"在这里没有人拥有真理，每个人都有被理解的权利"，教师是引导者，只作为学员社群的平等人员。在这个社群中，隐喻在引发沟通时将比逻辑更有用。还将有一个关于教育

---

① Doll, W.(1993) *A Postmodern Perspective on Curriculum*. New York: Teachers' College Press.

目的、规划和评估的新概念，这个概念是开放的、灵活的，这样就会专注于过程而非产出。

读者如果熟悉戏剧教育在20世纪70年代的发展，在读这段摘录的引文时，可能会有强烈的似曾相识的感觉。这种对意义的沟通、过程和灵活性的强调绝不只是早期希斯考特、博尔顿和其他教育戏剧的代表人物思想的共鸣。多尔"有意识地尝试不以内容和材料（'要运行的课程'）为主，而是以过程——一个涉及发展、沟通、探究、转型的过程——来重新定义课程"，这一目标让人回顾到戏剧教育相关论述。开放性、灵活性、将责任移交给学生是其实践的核心原则。以下引文是20世纪70年代论述观点的典型内容。

希斯考特并未尽力清除体验令人眼花缭乱的多样性或神秘性。她提醒我们，在任何特定时刻，可获得的信息都不是整齐或线性的——它以旋涡状的图像和感官性的数据出现在我们眼前。在这种混乱中，希斯考特察觉到结构和模式，但结构总在下一时刻服从于形变。她享受任何特定情况下可能出现的可能性，并以关系的微妙变化的改变为乐。[1]

这种对课程计划抱有开放、灵活态度的观念，在戏剧中体现为通过提出"你想演出什么戏"这个问题开始每一堂课的实践。这种激励的方法与其他学科的课堂形成鲜明对比。在一些学科中，我们经常会发现，学生要么在静静地写东西，要么在被动地看教师的展示。毫无疑问，许多进步主义的教师充满热情地接受了开放性的方法，却发现很难每天都在课堂上成功地实施。那些在"大师级从业者"演示课程时看起来相当简单的课程，往往以学生躲在讲台下或者在戏剧教室里跑来跑去狼狈收场。如果那些

---

[1] Wagner, B. (1976) *Drama as a Learning Medium*. Washington: National Education Association.

疲惫不堪的教师知道他们是在操作一个后现代范式，可能会有一点小小的安慰。

多尔识别出的对立范式不仅生发于教育理论，还来自视角更广泛的西方思想史，包括对知识和真理的不同描述。他确定了三种"元范式"：前现代、现代和后现代。前现代思维（从有记录的西方历史到17世纪、18世纪的科学和工业革命）的特点是自然秩序、和谐与平衡。

> 除了平衡之外，希腊人的秩序观念还具有强烈的封闭感和静态感。边界是有限的、不可变的。跨越界限走出一个人的命运中的位置或阶层，就会招致劫难，触动神话里的诸神的愤怒……托勒密的天文学和宇宙学建立在欧几里得学说的基础上，也设想宇宙是封闭的圆形。[1]

随着科学思想的兴起，以及通过影响自然规律控制自然的尝试逐渐兴起，现代主义得到了发展。它基于的观念是宇宙稳定、统一，其法则可被发现。而根据多尔的观点，后现代主义是以认可稳定性的缺乏为特点的。通过"正当理性"可以获得确定性的信念，让位于一种更开放的视野，不是基于实证主义的确定性，而是基于实用主义的怀疑，即"来自任何不基于大叙事主题，而是基于人类经验和地方历史的一种怀疑"。

在教育学文献中，多尔（Doll）并不是唯一赞扬"人的经验"的重要性超过"实证主义"的人。然而，正如本书引言部分所述，学术写作中的理论思想，与有着严格的、机械的、系统的，以及有着不同形式的、没有实际价值的清晰性的当前政策和实践之间，存在着巨大的差异。理论与实践之间的鸿沟，可以归因于这些立场被过于严格地作为泾渭分明的选项，而不

---

[1] Doll, W. (1993) *A Postmodern Perspective on Curriculum*. New York: Teachers' College Press.

是被视为某些可被实现的构想或象征。同样，研究者们很难知道到底如何将与后现代思想相关的激进哲学结论应用于教育领域，所以结果就是要么退回到常识可以接受的实用主义中，要么接受一些相当奇怪的结论。

比方说，像"没有客观真理这样的东西""一切都是文化上的偶然性""真理不是被发现的而是被制造出来的""传统的事实和虚构之间的对立并不成立""描述和解释不再可行""没有独立于人类思想的现实结构"这些观点，我们能从中得出什么教育学的结论呢？这些观念的现代形式与威廉·詹姆斯（William James）的人文主义相呼应，威廉·詹姆斯在1907年宣称，我们的真理是"人造产品""人类在可塑的世界中创造真理"。库珀（Cooper，1998：38）引用了这些观点，并且将这样的思想让教育领域的同人得到了认同，并总结出了相关结论。

它们包括：学科中"人性化""建构主义"内容探索热情，将"假设""作者的表达""读者的理解"相互碰撞，将"传统认识"与"非认识主义"的内容进行判断，把"历史存在"与"虚构文学"进行对比。[①]

如果事实与虚构之间没有区别，那么唯一有意义的事就是让学生在历史课上讲述富有想象力的故事。如果作为教师，我们不能允许自己说某些事情是真的，那么我们如何赋予教学概念真正的意义呢？近年来，不同形式的"激进建构主义"在教育学的许多领域都具有影响力。这些观点在戏剧领域没有那么直接的影响，但是，通过相较对外部真理的关注，或对抵触处理客观知识（因为知识总是被构建）的关注，以及对参与者体验度的关注，我们可以看出进步主义的发展。在其历史的大部分时间内，戏剧教学中排斥以教授知识内容为主要目标。泰勒这一对不同立场的总结被霍恩布鲁克和希斯考特接受，它和正在讨论的极化对立差别不大。

① Cooper, D. (1998) 'The postmodern ethos', in Carr, D. (ed.) *Education, Knowledge and Truth*. London: Routledge.

　　霍恩布鲁克关于高效的戏剧课程的想法是"必须将戏剧的产出恢复到中心位置"。当希斯考特以与她的学生协作为目标时，霍恩布鲁克则确保教师"必须保证学生被教授过取得进步所需的东西"。霍恩布鲁克要求戏剧有"成就目标"，而希斯考特呼吁"真实体验"。霍恩布鲁克认为这样的描述很令人迷惑。在担任艺术检查员期间，他认为需要可以应对"检查人员对目的和进展的关注"的"一种基于知识的课程"。当希斯考特推荐课程时，霍恩布鲁克则主张"一个知识、理解和技能领域，构成作为一门学科的戏剧"。他们似乎对实践有不同的看法，尤其在应该如何构建课程方面。①

　　通过确定"正确的"哲学立场来寻找方法解决这种差异，这种想法很吸引人。不幸的是，生活并没有那么简单。哲学论点之一就是拒绝任何关于客观真理的观念，因此退入主观性和相对主义，进而无法产生出能够声称具有"正确性"的立场：这种立场的拥护者会不可避免地绕在自己的悖论中。更严重的是，将哲学见解直接以这种方式应用于教育实践的尝试，存在不知不觉地从一种语言游戏转移到另一种语言游戏。

　　库珀（Copper，1998：47）提出了一个重要的观点，即他称之为"诠释学建构主义立场"所产生的那种言论"并不是为了扰乱常见的特质起作用的普通实践和讨论的表面层次"。他认为，他们是"反对其他和较老的哲学立场的战略性评论"。将一种"语言游戏"中的哲学论证直接应用于生活的实际业务，包括其常识性的特质可以平稳发挥作用（与许多教育理论家所论证的相反）的教学，是一种错误。根据维特根斯坦的说法，我们陷入了哲学的混乱中，因为语言使我们迷惑。怀疑正常日常事物的存在对我们的日常生活没有任何实际意义。

---

① Hornbrook, D.(1991)*Education in Drama: Casting the Dramatic Curriculum*. London: Falmer Press.

> 我和一位哲学家坐在花园里，他指着我们附近的一棵树一次又一次地说，"我知道那是一棵树"。别人经过听到了这个，我告诉他："这个家伙没有疯。我们只是在研究哲学。"①

对是否可以声称了解任何事情的怀疑，如果直接和天真地应用于教学任务，是没有帮助的。但是我们不必完全抛弃这些想法，认为它们与实践无关。如果这样的哲学见解不仅仅被视为关于现实的简单陈述，而是引起人们关注语言具有意义的方式，那么它们的重要性就更加明显。对语言的关注使我们无法从一种极端形式的主观性转向对客观性的承认。罗蒂（Rorty，1998：3）与维特根斯坦和戴维森（Davison）一脉相承，声称真理是"制造"出来的而不是"发现"得到的，但他更多地将此作为关于语言的陈述，而不是关于我们获取世界知识的方式。它并不是为了让科学家信服他们在浪费时间，因为他们也可能创造出真相。

> 我们需要区分世界在那里和真理在那里的主张。要说世界在那里，世界不是我们的创造物，就是说，依据常识，空间和时间中的大多数事物是不包括人类精神状态的因素的结果。要说真相不存在，就是在说，没有句子就没有真理，句子是人类语言的元素，人类语言就是人类的创造物。②

这种语言偶然性的概念将成为第8章的中心主题，但是在这种结构和体验的讨论中，它确实可以成为盲目坚持某个绝对概念的僵局的出路。语言本身不仅指向对立立场的融合，而且指向理论与实践的融合。

后现代主义的一种"软性"形式并不认为科学家仅仅通过编造他们喜

---

① Wittgenstein, L. (1969) *On Certainty*. Oxford: Blackwell.
② Wittgenstein, L. (1969) *On Certainty*. Oxford: Blackwell.

欢的任何东西发现真理。它也不把科学或任何对教育真理的看法仅仅视为一种解读叙述、神话或社会建构。利用科学来接受这种观念的后现代主义者使自己容易被索卡尔和布里克蒙精心策划的理论角度影响，他们暴露了这种立场的空虚。索卡尔的讽刺文章被一本学术期刊发表，文章主要使用伪造的科学来论证，"存在一个外部世界，其属性独立于任何人类乃至整个人类"这一宣称是错误的教条。"软"的立场承认，我们可以通过语言获得真理和知识，这些语言从共同的社会和文化背景中获得意义。

如果我们接受这一隐含的观点，即语言只是通过附加到"外部"世界中的对象或事件而获得意义，这将导致盲目坚持客观结构，盲目坚持在课堂上"不顾一切"。另外，如果认为语言通过与思想的简单对应而在内心获得其意义，这将导致过分强调主观经验。

二、实践意义

通过思考语言具有积极意义的方式，具有与主观性和客观性相关的绝对观念才有可能调和。这种讨论的一个含义是，在课堂上寻找整合结构和体验的方法比仅仅分享实践思想具有更强的理论基础。如果不对实践进行探索，仅仅在教育背景下进行理论探讨并不会使我们前行得太远。多尔对不同范式的分析，对课程构建的"后现代"方法在实践中的可能情形的分析，除了回到与极端形式的进步主义相关的旧的、相当空洞的观念外，并没有更多的意义。另外，在未从理论中得出的一些教育学原则的框架下分享对于教学的实践观点，只反映出是以肤浅的方式在做规划。

本章的其余部分，将探讨寻求整合"结构"和"体验"的一些实际上的意义。在构建一部戏剧和一节课之间需要有所区别，尽管两者之间是相辅相成的。在过程戏剧中，教师经常按照既定的课程结构进行。然而，构建一个课程可能涉及决定在什么阶段将结构一个戏剧的责任移交给学生。在过去，不同的选项常常被设计得过于直接：要么老师承担全部责任，要么将其完全交给学生。理解诸如将学生与内容"构建"关系、吸引他们的注意力、创造氛围、注入意义层次（所有这些都来自教育中的戏剧的实践）等技术有助于对课程设计的理解。

在以实践内容为主的戏剧出版物中，也存在理论文献采取绝对立场的趋势。一个极端情况是轻松简单的"关于戏剧课程的构思"这类书籍，它们直接、简单、浅薄且高度结构化。这些书更好地领会了教育时代的精神，尤其是在英国，人们越来越普遍地认为教育是一项简单而直接的工作。另一个极端情况是包含课程的书籍，这些课程不是简单的公式方案，而是对内容相当具体的复杂程序的更详细的描述。想要帮助教师取得实践方面的突破，这两种类型的书都有局限性，因为前者过于具有指令性又很模糊，而后者又过于繁复和特定化。然而，如果根据支撑和影响实践的广义的教学原则来看待这些书籍的内容，那么这两类书都非常有用。如果将戏剧文献中常见的许多技术视为整合结构和体验的方法，它们就可以被采用以服务更多目的，呈现出更多种方式。

博尔顿描述了一个基于阿瑟·米勒（Arthur Miller）的《萨勒姆的女巫》（The Crucible）戏剧情节展开的段落，其中包含了这一项目中所有使用的技术和采取的选项的一个非常有趣的基本原理。起始的活动简单而有效，学生被要求快速列出他们能想到的所有观念。这种头脑风暴活动对戏剧课来说是一个有用的开始，因为它给学生一些参与感，从一开始就使他们变得活跃，以一种具有吸引力的方式引导他们投入话题，并提供讨论和想法的集中点。博尔顿以巧妙的方式开展了这项活动。他要求每个小组在他们受影响的迷信观念边上标记他们的首字母缩写。没有在任何迷信边上签名的少数学生暂时被排除在小组之外，从而将全班引入该剧的一个主题。

　　欧文斯和巴博（Owens and Barber，1997：46）描述了一个关于"游乐场"主题的戏剧情景片段，这次引入要求学生站成一个圆圈，并试图想出可以在集会上找到的40个游乐设施或摊位。这又是一个有效且看似简单的开始：它包含一些紧张感（我们可以达到目标吗？），注入了节奏和能量，将整个团队联合在一个共同的目标中，将他们与所选主题集合起来，并利用他们的想法进入下一个活动。奥尼尔（O'Neill，1995：105）将老师作为脱口秀主持人，介绍"名人"这一主题。她让每个人轮流用一句话说出成名的最大好处。当他们讲述出自己的想法时，一个问题会被摆出来，用来加深他们的思考，并为课程中的戏剧的进展奠定基础。温斯顿（Winston）利用一个7岁儿童的班级，描述了对形体活动的应用（如同穿过一片森林一样匍匐以及在沉默中保持静止），并介绍一出关于生活在村庄附近的空地中的陌生人的戏剧。本纳坦（Bennathan，2000:131）描述了一项活动，用于向9年级学生（13—14岁）介绍一部关于"成人礼"的戏剧情境。他们被要求以"当我在你这么大的时候 ……"为开头分享过去成年人向他们表达过的看法。然后，他们成对地创建一个短剧情景，呈现一件他们没有被当作大人看待的事情。他们只限使用几行对白。这个简单的引入将通往复杂和具有挑战性的戏剧活动。

　　这些只是经验丰富的从业者不局限于课程结构，且具有一定的教学目的的例子。如果我们回到那个关于玛丽娜的课程，那么结构如何被改变才会不那么具有指令性？ 一个方法可能是通过引入性活动，给学生一些时间阅读文本并集体讨论可能的解读和戏剧的可能性，这将有助于提升他们参与的积极性。如果打算不加理睬，继续使用预先计划的结构，那么这种头脑风暴活动似乎不过是具有设计感的教学活动，教师可以有选择地参考这些建议。但是如果教师对初步想法分享的目的持开放态度，则不必以那种操纵方式进行活动。头脑风暴和讨论可以在学生自己的想法和课程重点之间架起一座桥梁，在杜威的术语中，它提供了"教育与个人体验之间的有机联系"。（杜威，Dewey，1938：25）

纳入最初头脑风暴可能不足以将足够的挑战和参与感移交给学生。为了实现这一目标，第2阶段的任务可以用不同方式呈现。学生没被要求呈现公园里的场景，而是被要求准备并演出寻找对抗玛丽娜的原因。下面给出了另一个课程大纲。

课程大纲 II

- 老师告知班级该文本将被用作课程的中心，下发诗句片段，要求学生在他们的小组中阅读诗文。学生头脑风暴读了诗文后形成关于玛丽娜的问题。
- 小组分享想法。在讨论过程中，老师提出问题："假设玛丽娜实际上不是女巫。为什么孩子们要诵唱这段诗句？"
- 老师让学生集中成一个圆，向他们介绍"耳语"集会的规则，然后他们依着圆圈顺序重复关于玛丽娜的谣言，每个传言都变得比以前更加夸张。
- 在小组中，要求学生准备并演出那个导致社区转而抵抗玛丽娜的原创情境。这是本课程的主要部分。
- 这些场景被分享，并根据内容（这是一个微不足道的事件还是一个误解？ 人们的反应是否合理？ 等）以及戏剧性呈现的效力被分析。

本课程大纲是对前一个的改进。内容被引入的方式存在一些设计感，但这个强大的结构为教师和学生提供了安全感。应该强调的是，这里描述的不是作为模板课程的一个例子，而是为了说明创建必要的元素融合有多么困难。第1章中描述的课程"玛丽娜转变"的整个概念最初来自学生；这两个例子的问题在于，他们追求将同一个想法构建成一个预先确定的结构，这是一个相当大的挑战。

之前有人认为，耳语"游戏"或"练习"可能会为"玛丽娜课程"提供一个适当的引入。使用热身游戏和练习有很多原因，但如果它们被明确地用于整合结构和体验，则需要仔细选择，以便确实能将课程引入特定的主题，这对其他活动很重要。需要留意的是，不要让学生投入大量时间来设计对后续工作没有实际影响的想法，例如让学生投入大量精力进行诸如绘画、创作舞台场面或设计仪式这样对课程的总体目的没有足够贡献的活动。

请考虑下面给出的关于课程结构的简要概述。

1.班级分为两组，分别是两个对手小组。他们被布置以各种任务，从而加大对活动的投入：

• 创造分组的规则

• 制订统筹的计划

• 创造一个口令暗号

2.指导学生以一种风格化和受控的方式用哑剧动作进行表演，开展各种组合练习。

3.学生们被赋予团队成员的角色，他们的任务是解决镇中的青少年问题，每个人在结果中都有不同的既得利益。教师扮演城镇中负责人的角色，能够刺激和促进不同的关系。

这个大纲与本人在早期教学生涯中使用的课程结构非常接近，现在可以在本章理论讨论的基础上更加批判地看待。所有的活动本身都很有价值，但是学生们花费了大量的时间来创建社会身份，而这部分并没有与课程的主要部分相结合。将重要内容注入戏剧的尝试是值得的，但这更像是在英语口语和听力练习的分角色讨论的情境下进行的。

相比之下，温斯顿和坦迪（Tandy，1998：42）描述的为5—6岁儿童设计的课程，设法均衡紧凑的结构与用于吸引住学生的技术，同时又整体上具有明确的目的意识。在这里不可能把课程讲得明白，读者可以参考温斯顿和坦迪的《4到11岁戏剧启蒙》（*Beginning Drama 4–11*）中更详细的描述，其中包含可供考虑的进一步建议和话题。而我将强调与本章主题特别相关的那些方面。

- 孩子们坐成一圈，老师铺开被子，在这个假定的"床"上放一个泰迪熊和枕头。（这个"戏剧化"的开始让孩子们被吸引住，又不必过于激动，可以请他们给泰迪熊和拥有它的孩子起名字，从而进一步吸引他们）

- 老师扮演孩子，回答孩子们的问题，并在其中指出泰迪熊在自己睡着时醒来。（老师可以在课程的这一部分传达核心信息，这也赋予了学生责任，因为他们必须采取主动行动）

- 学生们扮演其他在夜晚活过来的玩具。当扮演角色的老师醒来时，孩子们会不动，就像那个常见的游戏一样。（孩子们选择自己成为哪种玩具，这样他们也在结构中有了个人责任和投入）

- 老师现在扮演泰迪熊的角色，并与其他玩具分享对于拥有泰迪熊的孩子在学校不开心的忧虑。（这时已经引入了重要的内容，并且课程将在内生的控制机制中发展。例如，孩子们必须压低声音以防吵醒孩子，但是他们有了寻找孩子问题的解决方法的自由）

一、教学结构

从相关论述中可以明显看出，当前主流的戏剧设计方法可以被称为"常规"方法：使用坐钟毡（hot-seating）、画面定格（tableaux）、墙上角色（role on the wall）、思路跟踪（thought tracking）、即兴创作（improvisation）的多种组合。

这种方法特别适用于新手教育工作者，因为它将结构置于规划过程的开端。但是"常规"方法确实有其缺点，特别是当使用的方法出错时。在错误的操作中，它给学生带来的体验是破碎的，并缩小了戏剧课程的应用范围。例如，潜在的隐含假设通常是教师而不是学生担负结构戏剧的责任。当尼科尔森（Nicholson，1994）认为戏剧教学不仅仅是"熟悉的"戏剧结构，包含画面定格、坐钟毡和教师入戏，这就带来了对这种设计方法激烈的辩护，因为它质疑了一种被许多教师高度评价的方法。（阿克罗伊德，Ackroyd，1995）

那么关键的一点就是不要质疑常规方法本身，而是要认识到其潜在的弱点。它很容易过分强调结构与形式而牺牲体验的质量，或否认学生自己对戏剧结构的充分参与。工作的计划可能会发展为高度模式化，其中第一课包括人物关联、画面定格、教师入戏、小组会议；第二课包括教师入戏、小组会议、画面定格、思路跟踪这样的模式。这种"任意从五个中挑出四个"的教学方法会变得像任何其他类型的教学一样平淡和可预测，很容易被教师接受，因为在这样一种重视结果和义务教育的环境中，预先计划好的序列提供了确定性因素。然而，以错误的方式使用并以一系列松散的活动来进行课程，这种方法可能会剥夺学生在他们创造的戏剧中的参与感。

第1章提到在工作体系中常规活动常常转化为戏剧方法，这是存在问题的，因为方法（思路跟踪、画面定格等）本身并不难掌握。有时缺少的，是认识到学生自己需要学习如何将戏剧结构成一种类型的体裁形式。以下为12—13岁学生设计的课程计划是基于《戏剧教学艺术》中的一个想法。（弗莱明，Fleming，1997b）

课程计划·1

目　　标：提高学生对戏剧创作的不同方式的理解。

内容重点：关注个人与社会对于老年人的责任。

课程安排

引　　入 —— 向学生们介绍关于老年人的主题（通过照片、视频片段或其他课程道具），并要求学生通过小组讨论反思自己的看法和经验：孩子应该对年迈的父母负有什么责任？ 老年人是否应该像一些文化中的惯例那样，理所当然地与孩子一起生活？ 家庭其他成员的利益与老年亲属的利益之间是否存在紧张关系？ 在什么时间点让老人去住养老院可能是合适的？

戏剧情境 —— 老师要求小组想象并创造探讨这个问题的情境。有一个与老年人或亲属一起生活的家庭，他们在留下老人还是将老人送去养老院的问题上存在分歧。联想有可能展开这一情境的对话。学生被要求讨论可能的潜台词（意图中的含义或对话可能揭示的内容），以及这些台词作为开场白的内容。

"我今天打电话给鲁克斯通养老院 —— 他们有空床位了。"

"鲁克斯通，但它离我们太远了。"

"约翰，你能把那个收拾起来吗？ 奶奶马上就要下楼了。"

"但我都快做完了 —— 如果现在我不做完的话，很有可能它就毁了。"

小组任务

每个小组将使用下面列出的方法，为这一情境设计四个不同的开头 —— 这些开头能将情境延续足够长的时间以建立起主题：

- 在对话开始之前，有一系列传达与中心主题相关的东西的行为；
- 一段观众只能听到一半的电话谈话 —— 其他人物可能在同一房间里；
- 由其中一个角色直接向观众说台词／独白；
- 家人正在进行试图避开主题的谈话。

对于那些提前完成的学生的拓展练习：

- 创造新开物：再想一个或多个开启关于类似主题的戏剧的其他方式；
- 采用它们其中的一个开头，并决定如何继续情节发展。

分析

将不同的开头表演出来，并通过以下问题进行比较：传达了哪些重要信息？创造了什么类型的情感？做什么才能让情感得到增强？

以下课程计划基于一个熟悉的主题，即青少年和父母之间的家庭内部紧张关系，但它有不同的角度，因为故事的叙述不是和学生商量出来的，而是在课程刚开始就呈现给学生的。但是，请注意引入活动的重要性，因为引入活动要设法在分发核心任务前就让学生被主题吸引住。

课程计划·2

目　　标：理解"叙事"和"情节"之间的区别以及戏剧结构在创造意义方面的重要性。

内容重点：探索人际关系破裂如何影响判断力。

引　　入：学生们将看到一个女儿留给她父母的一条手写便条，对"按照她自己的方式做事"和"表现得如此轻率和愚蠢"做出非常深刻的道歉，但并没有提供她所做行为的具体细节。大家将推测这封信的原因。对每个提议，老师都提出一个问题，"什么可能促使她这样做"。

课程重点

将下面简单的叙述分发给学生：

1. 女孩与父母因她交的朋友是否合适而争执；

2. 女孩因为穿什么样的衣服和父母吵了一架；

3. 她被朋友邀请一起过周末；

4. 她和她的朋友讨论了这个邀请；

5. 她决定在没有得到父母许可的情况下去过周末；

6. 父母认为她失踪并向警方报告了这件事；

7. 父母和女儿团聚并和解。

在小组中，学生们被要求从叙述中创造出戏剧性的情节。换句话说，他们将决定讲述故事的不同顺序；什么元素要展现出来，或是在对话中简单提及。然后，他们需要选择其中一个片段，并把它作为一出戏的开场表演出来 —— 他们是否需要像闪回那样操纵时间？ 或者，对话中是否要包括一些细节和背景？

分析

学生分享他们的想法，并比较构建戏剧所采取的不同方法，考察每一个方法的优势。作为接下来课程的后续工作，向学生们介绍剧作家建构戏剧情节的方式。

二、在课程计划中整合戏剧元素

本章中建议，对台词和主题的探索有助于调和与主观性和客观性相关的极端观点。过分强调主观性的进步主义理论将导致实践的范围变小，戏剧也包括其中。在本章讨论的基础上，体验的质量和某一特殊的戏剧方法，比如（过程创作 process work），两者间没有必要的联系。无论课程的重点是特定的戏剧方法还是戏剧剧本，重要的事情都是沟通和体验感。这并不意味着不能有其他论点，例如基于感受的质量倾向于一种类型的实践，但这个问题需要推迟到后面的章节进行讨论。

虽然斯莱德（Slade）的著作把经验的重要性置于课程结构之上，但最佳的戏剧教育的实践却追求本章所推荐的那种整合。然而，这被错误地视为对某一套具体实践的推荐，而不是被视为具有一般意义的教学原则。最后一个课程大纲旨在融合戏剧的不同元素，在此以概要的形式给出，并在《中学英语达标》（*Meeting the Standards in Secondary English*）一书中有更详细的描述（Heming，2001）。

课程大纲 III

- 全班被分成两人一组的小组，并进行简单的角色扮演练习。学生 A 试图（并最终成功）说服学生 B 扮演其好朋友，去某个可能没有得到他 / 她父母同意的地方。学生们有一点儿做决定的感觉，但这个活动结构上很严谨。

- A 现在成为 B 的家长，并正在通知 A 一个重要的家庭聚会恰好与之前安排的外出时间重合。当家长说出一些他 / 她之后会后悔说出口的话时，学生们会在这一争执即将爆发的时间点上"定格"动作。学生们再次被要求为情节填补更多细节，但内容是规定好的。请注意，这一活动要求更高一些，因为学生需要考虑作品的造型和形式、音调的变化以及向高潮的行动。定格动作这一简单的限制既可以作为控制措施（避免无成效的争吵），也可以为作品提供更富有美学价值的造型。学生们也被要求通过创作最后一句台词来考虑所有作品涉及的人物关系。这个作品可以通过要求学生编写对话来发展。

- 学生们现在组合起来形成四人小组，最好是混合男孩和女孩。分发一段《罗密欧与朱丽叶》的片段。他们应该通读并想出 A 使父亲生气的原因，以及 B 能告诉父亲他该如何行动的台词中的线索。

- 这些小组要创作三个有适当调度和表情的场面，以便在说出以下台词时准确显示演员们的位置："还在哭？ 泪水到现在也止不住吗？""我希望这傻丫头还是死了干净！""我的主人，您这样责骂她才该受到责怪。"这项创作均衡了对内容和形式两者的关注。学生需要了解场景中发生的事情，才能弄清楚如何表演。

- 要求学生选择并突出六句左右的台词，这些台词要包括所有角色，并能传达情境的特点。他们要将这些熟记并通过行动将它们演出来。台词的示例可能如下：

父　亲　泪流个不停了？

母　亲　她不愿意。

父　亲　我会把你装到木桶里拖过去。

朱丽叶　好父亲。

父　亲　我的手痒着呢。

奶　妈　你该被责怪，我的主人。

- 教师和学生讨论可以传达不同解读和含义的、作为整体情境的不同表演方式。母亲和父亲与朱丽叶的关系有多亲近？ "我希望这傻丫头还是死了干净"这句台词告诉我们关于朱丽叶的母亲什么样的信息？ 怎么能以不同方式说出这句台词，以传达 A 这句台词是在这一时刻的激烈程度下说出的，还是 B 非常冷酷，且对她缺乏感情。
- 学生们观看戏剧的视频版本并分析其上演的方式，将其与他们的想法进行比较。让他们比较两个不同的版本哪个更好并说出原因。

可以提醒学生们，他们自己创作戏剧作品以及他们创作的激烈程度和台词变化情境的方式。视频演出是否成功地将推向高潮的剧情发展传达出来了？ 表演中最令人印象深刻的方面是什么？ 什么是最没有用的？ 将两个不同版本的视频中服装和布景风格做对比也是有效的讨论。

本章中描述的一些课程可能与通常印象中的传统戏剧教育实践有所不

同。这些课程不是寻求"特别激动"，而是寻求更加适当的程度，来培养对戏剧以及戏剧的结构方式的理解。过去写关于戏剧的文章的一个常见错误，就是假设对某个单一课程的描述是某种绝对的指令，并代表了所有课程应该被教授的方式。在一定程度上，这个问题涉及对工作方案重要性的认识以及手段与目的之间的关系，这将是下一章的主题。

第 ❸ 章

教学方案：手段与目的

教学计划

目　的

戏剧教学方法

规划工作方案

第1章首先简要介绍了两个以"太空旅行"主题为基础的戏剧课程，两个课程各自都有不同的侧重点。其中一个课程中，学生被要求研究如何通过对话和形体动作来展现太空船在另一个星球上着陆。另一个课程则举行了一场假想的新闻发布会，在这次发布会上，学生们被问及在另一个星球上的经历。我想，一些读者在这两个课程中可能会看到价值和目的的明显区别。第一个课程看起来浅显而漫无目的，没有任何重要内容。相比之下，第二个课程似乎更能挑战学生的思维能力。不过，我们的目的并不是进行这种简单的横向划分。为了对这些课程做出更合理的判断，我们有必要更多地了解它们如何与教学大纲或工作计划相对应，尤其是在宏观的教育目标方面。

以下讨论将与教学大纲（或教学计划）和工作计划的规划相关。"教学计划"和"教学大纲"之间的区别主要在于程度方面，但有一些重要的差别需要进一步明确。教学计划可能包括一个持续数周的模块。这里使用的术语"教学大纲"或"教学计划"是指工作规范，该规范将在某个关键阶段或整个义务教育阶段持续产生作用。只有将教学计划作为一个整体时，才能够为学生提供广泛而平衡的知识，单独的短期方案在这方面的能力则相对有限。我们应该记住这种区别，因为人们很容易将一个方案甚至一个单一的课程作为教师整个工作方法的代表。

教学计划

直到最近，戏剧家们才开始关注戏剧教学的中长期规划的重要性。在 20世纪70年代和80年代，人们更多地把注意力集中在单独课程或短期课程的教学上，而不太注重这些课程应该如何融合到更长远的计划当中。这有历史、实践和理论上的原因。许多戏剧教育的代表人物都只在高等教育机构授课或担任地方教学顾问，而不是在学校教学。大多数课程都是作为一次性项目来教授的，很少有人考虑这些项目如何适合教学计划的问题。单单是戏剧界的领军人物们竟然也给小孩子教授戏剧这件事，就已经是很令人难以置信的创新之举了；而其他科目的同事们则满足于理论和提供建议，而不参与实践或进行系统化的研究。

教学计划不被重视的原因，还包括戏剧在整体课程设计中的适当位置存在一些不确定性。关于戏剧是否应被视为独立的学科还是方法的争论，不可避免地分散了人们对于"作为学科的戏剧应该如何设计教学大纲"这一问题的注意力。同样地，针对专注于文本的戏剧和专注于舞台呈现的戏剧的辩论，也分散了人们对教学计划的注意力；对戏剧教学大纲内容的规范本身就会降低过程的重要性，并且对戏剧实践的拥护者有过多的让步。即使是考试大纲也不需要精确的内容规范，因为这些要求通常用非常笼统的方式来表达。

强调单独的课程而不是教学计划的另一个原因是，在戏剧引入英国国家课程之前，对其发展和连续性相关的问题的思考少之又少。从1989年开始，尽管戏剧还没有在国家课程中拥有独立学科的地位，但已经有许多戏剧家开始关注更长期的规划。相比之下，20世纪70年代和80年代出版的作品给出了个别课程的例子，或者提供了关于戏剧目标的讨论，但对于连续的教学计划在几周或几年内应该是什么样子的问题则没有太多关注。

尼兰德斯（Neelands，1998：6）指出，英格兰和威尔士缺乏戏剧的规范框架既是优势，也是弱点：

> 优势在于，在没有全国性的关于戏剧课程的统一要求的情况下，学校可以自由地设计一个特别符合当地情况的戏剧课程：符合代表特定地区的特定学校所提供的特色背景。[1]

哈兰德（Harland）等人在他们的研究中发现艺术科目教师对国家课程的反应不一。一些报告提到，这些要求帮助他们厘清了课程内容，并引入了新的项目和活动 —— 从而增强了他们提供的艺术教育的效果。其他人认为它具有限制性，并评价限制了学生和教师的自由和选择。

要完成一个全面的工作方案需要很长时间，包括所有的长期和短期目标、需要布置的家庭作业，以及准确来说在一个学期内必须完成多少家庭作业等类似的问题。这个任务并不是依靠单纯的思考或者灵光一现的新点子就能完成的。

一些教师认为全国统一课程使得他们的工作更具有结构性和目的性。

在引入全国统一课程时，有诸多工作者都遇到了很大的麻烦，因为很多艺术工作者都是凭借直觉工作的。我甚至可以肯定地认为，许多艺术工作者往往都会在进入教室之前才开始思考："我们该做些什么？"并且直到上课都在思考上课的内容。而现在我们则有了设计成6—8容量的有明确

---

[1]　Neelands, J. (1998) *Beginning Drama 11–14*. London: David Fulton Publishers.

内容的课程单元。

如果戏剧在1989年确定了独立学科的地位，那么毫无疑问，虽然在确定教学目标和教学计划方面会有相当大的争议，但至少会有针对全国课程的讨论。很明显，并不是所有戏剧教师都会愿意引入国家戏剧课程，因为许多人都享有在这些条条框框之外工作的自由。正如其中一位受访者所说：

> 不参加全国统一课程的好处是你可以做你真正需要做的事。你可以量身定制课程，可以偏离教学框架，而且如果愿意的话，你也可以进行跨学科的艺术工作 —— 你拥有这种灵活教学的权利。①

这段引文里体现出来的这种对于计划灵活性的喜爱，在很多戏剧教学作品中都有所体现。其中最极端的内容，被一些每节课都用"你想做什么样的戏剧"开始课程的老师们付诸实践。在当前的教育大环境中，这看起来确实是一种偏激的方法，但有些人可能会认为这种方法体现了第2章中，多尔所描述的后现代范式的真实精神。这一做法确实能促进参与者对戏剧的参与和真正的掌控。

20世纪70年代和80年代初期的这种对个别课程的关注产生了很大影响力。这意味着，人们针对单独的一两节戏剧课应有的目的产生了激烈的讨论。这些讨论最终证明，此类短期课程是戏剧教育的一个致命弱点，人们很难确定少数课程在与内容相关的学习成果方面体现的价值。我们如何根据类似"迪斯科谋杀案"的主题阐述戏剧项目的学习目标呢？肯定不是教小朋友们如何在迪斯科舞厅实施一场谋杀案，也并不是保证孩子们未来去迪厅的时候能提前有预防措施，保证自己不被杀害。诸如与个人和社会

---

① Harland, J. et al. (2000) *Arts Education in Secondary Schools: Effects and Effectiveness.* Windsor: NFER.

教育相关的"自信"等个人品质的发展这类一般目标，似乎可以追溯到20世纪50年代和60年代的戏剧，但这也不被认为是"教育戏剧"的最合适的效果。而从戏剧"技巧"（台词、动作、哑剧）的角度来构思课程似乎有很高的还原性特质。

关注单一课程而不是教学计划的另一个后果是隐含的假设，即与特定课程相关的一类学习目标是所有课程的共同特征。对单一课程的关注并没有充分认识到这样一个事实，即在戏剧工作方案中可能会教授不同类型的课程：一些课程的目标可能是某一种特定的技能，而教授课程的老师并不会对其还原到学科层面上进行进一步的介绍。不同类型的课程向同一个目的努力，也是一种合理的结果，而"目的"（ends）这个概念则需要进一步的细致讨论。

目　的

为什么使用"目的"（ends）这个词而不是"目标"（aims）？一个明显的语言风格上的原因是，"手段"和"目的"两个词之间有一种微妙的平衡对应。然而，还有另一个更重要的原因，"目的"一词表明了对价值和深层目的问题更为基本的关注。教育语境中的目标（aims and objectives）比比皆是：除非被强制要求陈述教育意图，工作计划和课程计划一般不用通过外部审查。但这些计划通常会受到其自身的限制，如果认真考虑，还可以引出进一步的问题。诸如"让学生了解戏剧文化"或"使学生能够理解戏剧表演和戏剧的各个方面"这样的目标，引出的问题是"目的是什么"，去赚钱？为从事戏剧工作做准备？在对目标的陈述中，我们很容易忽略价值问题。

这并不奇怪。根据布莱克（Blake）等人的说法，我们生活在一个把关于教育目标的复杂问题简化为"提高标准"的时代。"教育成就与足球队一样清晰划分开降级区和晋级竞争者。"对学校和地方机构的排名表中体现的目标和进行的审查都给了人们一种错觉，即系统中的每个参与者都对共同目标有着清晰的认识。然而，对任何事情的定义都不应该从任何实在的价值出发，反而应该去看它的对立面。

专业院校可能是具有示范性质的（按照质量保证的标准），可能成为一个灯塔（在所有的审查中能取得相对好的结果）：但这种灯塔或者范例具体是什么，又很难说。我们可以隐约地说，一件东西是不是有价值的，是由它和与它对立的一面（勉强令人满意的甚至是失败的）的对比所定义的。

在这一形成过程中可看到"价值就是其对立的对立"，也正是尼采（Neitzsche）所认为的虚无主义的核心。在《权力意志》中，尼采写道："最高价值使自己贬值。没有目标。'为什么？'这个问题没有答案。"

他认为这是他那个时代的事态。价值又回归到了传统层面：它们成为我们经历的外在事物，我们不再在其中寻求自我认同或者将自己与其进行联系。政治方案在其自己的动力下一步步推进。系统的平稳运转成为默认状态、首要目标和最终目的。布莱克等作者关于虚无主义的讨论概括了大部分英语世界国家，尤其是当前英国的教育的特征。在他们早期的著作《后现代主义之后教育的再思考》（*Thinking Again: Education After Postmodernism*）中，他们借鉴了利奥塔（Lyotard）的"表演性"概念，即对"效率"和"有效性"的痴迷，这种痴迷与"我们应该努力实现什么"的问题是"分离"的。"在表演性下，对目的的传达产生了缺损……所有类型的事业和活动相互成为衡量标准，而对于这样做的合理性的关注却越来越少。"

相关部门有时会给英格兰学校一种荣誉，赞赏它代表着"物有所值"，尽管"物有所值"的含义并不总是很清楚。

在戏剧中，对技术和技能或对形式和结构的过度强调很容易将针对价值和目的问题的注意力转移走。我们的重点不应该是通过一些陈词滥调或某些主题表达形成对于目标的简单叙述，从而解决目的问题，也不应是通过定义另一种"宏大叙事"来寻求解释，而是要细致地检验关于这个问题的不同方法。本书的基本主题之一涉及语言和含义的问题。依赖对简单的目标或任务的陈述，是对语言的透明性的背叛；就好像一个团体（无论是公司、学校还是部门），单单因为能"团结"在某一个口号之下，就一定能享有同样的意图和信念一样。这是对语言寄予了太高的期望。大多数使命陈述都直白而不容置疑。只有通过对信念的共同探索和对实践的解释，或对教育的"生活形式"的参与，才能实现真正的沟通和共同理解。（维特根斯坦，Wittgensten，1953：19）

戏剧教学方法

关于戏剧目标的直白陈述常常无法传达其衍生或暗示的观念的基本假设或结构。这里对戏剧方法的讨论将借鉴考克斯（Cox）的英语教学模式。国家英语课程的应用基于考克斯委员会（The Cox Committee，1989）的报告，其中确定了五种英语教学模式。自出版以来，它已经在相关主题的出版物中被反复引用，很少有不参考"考克斯模式"的英语教学讨论。这些模式受到了不少批评，但它们也为讨论和研究提供了有用的重点。我们将在这里应用它们来探索几种大相径庭的对于戏剧的思考方法。

- 文化经典
- 个人成长
- 跨学科融合
- 职业需求
- 文化分析

一、戏剧与文化经典

"文化经典"模式强调学校有责任"引导儿童欣赏那些被广泛认为是最优秀的文学作品"（考克斯，Cox，1991：22）。将其应用于戏剧则不可避免地意味着要专注于过去500年的主要剧作家的作品。把制作有剧本，尤其是经典剧本的戏剧，作为戏剧课程的焦点，这种观点在以下引文中有所阐述：

  罗密欧与朱丽叶初见时分享的十四行诗中，那种对爱意的完美风格化表达，或者洛帕金在《樱桃园》中离开瓦里亚时那种笨拙的沉默，都只是我们在戏剧史中厚重的人类经验里随机收集到的例子。历史自身的深远意义使得最成功的角色扮演都黯然失色。[①]

    —— 霍恩布鲁克

（Hornbrook，1989：12）

  但在这里，有一点被忽略了，即在伟大的戏剧中获得"厚重的人类经验"将取决于它们是如何被教授的。在"角色扮演"和"使用文本"之间存在着一种错误的两极分化，从而使人们并未充分考虑到手段的重要性（将在本章后面讨论）。这里有一种隐含的假设，即只要接触到经典，就能自动得到通往厚重人类经验的钥匙，而任何一个经验丰富的教师都对这种经验非常熟悉，这明显与事实相去甚远。克拉克和古德批评了霍恩布鲁克在同一引文中所揭示的被他们称为"高雅艺术"的定义：

  我们不是试图诋毁"高雅艺术"的经典，而是认为有必要对文化等级的观念发出挑战，这种等级更重视艺术过程的产品，而非这些过程本身。[②]

  我们将在第7章中对过程与呈现的区别进行更详细的讨论。但我们在这里需要认识到，我们或许可以通过整合不同形式的角色扮演和过程创作，在经典文本中获取厚重的人类经验。这种方法更有可能防止作为文化经典的戏剧因不成熟的方法而走向异化。莱亚斯非常令人信服地写出了许

---

① Hornbrook, D. (1989) *Education and Dramatic Art*. London: Blackwell Education.
② Clark, J. and Goode, T. (1999) (eds.) *Assessing Drama*. London: National Drama Publications.

多人对艺术感到的"剥夺感"，他们认为自己"错过了"。他认为十分重要的一点是，人们不是被剥夺了审美生活，而是被剥夺了获得艺术的机会。大多数人的生活充满了日常的美学选择和体验，如选择服装、跳舞、听音乐和在乡村散步。但人们与被视为审美偶像的东西之间却存在着障碍。

> 他们担心他们从艺术中得到的东西会被别人揶揄，比如从康斯坦布尔（Constable）描绘的场景中得到的纯粹的喜悦，在与一些不知为何被归为画作"合规的特征"的东西相比较时，会被认为是无关紧要的。也有人被奥登美妙的《摇篮曲》深深打动，却被告知需要遵从一些涉及诸如"指令"和"转喻"之类的习俗。[1]

莱亚斯指的是我们从婴儿期开始的"自然反应"的"基础"，它使艺术能够丰富我们的生活。上下走动、听故事、尝试画一幅画或者看天上的云彩，这些活动就像吃饭和睡觉一样自然，是"后续种种的开端，也是旨在强化而不是阻碍我们的审美发展的一套教育系统……"[2]重要的是要认识到"高级艺术"起源于自然活动。

提出戏剧课程的目标之一应该是将学生引入戏剧和戏剧史的文化（和跨文化）经典中，这并不是不合理的。这一定程度上是个有关目的的问题。如果教授戏剧的一个目的是"激发对戏剧的终身热爱，以此来丰富学生的生活并与自己的生活达成和解"，那么这个目的比"让学生接触经典作品"等不那么基本的目标具有更重要的意义。但它也对手段有重要影响。构成欣赏戏剧文学中"厚重的人类经验"的"基础活动"在于学生自然的戏剧性表演。

---

① Lyas, C. (1997) *Aesthetics*. London: UCL Press.
② Lyas, C. (1997) *Aesthetics*. London: UCL Press.

二、戏剧与个人成长

英语教学中的"个人成长"观点倾向于强调学生作为一个具有创造力和想象力的个体，主要通过文学和个人创造性写作来发展。如果广泛应用于戏剧教学，这一类别则包含两个独特的传统。20世纪50年代和60年代出现的戏剧方法主要通过斯莱德和韦伊（Way）的作品反映了当时更广泛的教育思想。自发的、创造性的自我表达被认为平衡了前几代人所专注的那种机械的知识获取。戏剧作为个人成长在儿童的自然戏剧中得以实现，其价值与个人品质的获得密切相关。由于个人成长倾向于与自然的自我表达相关联，因此教师的角色被最小化。所以，"个人成长"一词通常带有关于手段的隐含假设，因为它涉及的有关教学方法的内容与有关戏剧教学目的的陈述一样多。

在戏剧教学的历史中，人们几乎总是将"个人成长"模式与"学习型戏剧"或"理解型戏剧"区分开来，这种方法在20世纪70年代和80年代发展起来。然而，"学习／理解型戏剧"可以归入"个人成长"的广义范畴，如果该术语更多地作用于教学目的，是作为结果而非手段的表达。如果使用戏剧来增加参与者们的认知，那么这在某种意义上有助于他们的个人成长。这里的目的不仅是个人品质的发展，而且是通过与自己的生活经验达成和解来加强对各方面事物的理解。戏剧史经过了从"个人发展"到"学习戏剧"的变化，这凸显出了手段上的重要区别，而这种区别主要体现在教师角色的差异上。这种区别很重要，因为所涉及的语言游戏可能会引起混淆。（参见第8章）

三、戏剧与跨学科融合

困扰戏剧教学历史的一个问题是所谓的"戏剧作为学科还是方法"的

争论。问题不在于在代替方案这些选项之间进行选择，而在于质疑将戏剧作为教授其他学科的方法，是否在一定程度上损害了不同学科相互独立的特点。对于这个问题的合理解释似乎是，没有理由说戏剧不能作为一个独立学科存在，同时作为教授其他学科的一种方法。毕竟，识字、算术和其他关键技能经常被放进跨学科的语境当中。然而，跨学科观点的问题在于，它会弱化戏剧的专业化程度，而这与戏剧作为一个学科的身份认定的需求大相径庭。它在课程规划中能否拥有独立的地位，将决定它的课程形态。而其是否处于专业化的状态又将决定教师和学生是否需要某些戏剧方面的专业知识。

这不是一件简单的事情。在第1章提到过，教育实践中早期戏剧的一个假设仍然隐含在许多过程戏剧作品中，即不论经验和技能水平如何，任何一个团体的教师都可以创作高质量的作品。因为戏剧起源于戏剧性的表演，所以人们认为戏剧是一种不需要教学的自然活动。这种观点支持斯莱德的方法，主张教师应尽量少地介入，但它也隐含在教育实践的戏剧中，因为"教学"的概念是由来自戏剧参与的学习理解赋予的。它一直对作为学校学科的戏剧起着积极的作用，正如戏剧教育的从业者们所认为的那样，它是面对所有人的，而不是一小部分被筛选出的人或才华横溢的精英的教学。

然而，这种戏剧观也有负面影响。这通常意味着在跨学科环境中使用戏剧，会导致学生们将其视为课表中严肃学习之余的放松，从而不断地制造出即兴作品。无论是针对小学还是中学，戏剧家都需要对这种随意地使用戏剧方法来教导各种科目的做法持谨慎态度。教师之间的团队合作和协作将更有利于跨学科戏剧的实施。而学校有效的戏剧方法将为此提供重要支撑。

四、戏剧与职业需求

由于戏剧教育源于自由人文主义或进步的课程传统，因此作为学科的戏剧与职业的直接关系少有人讨论。霍恩布鲁克这样说道：

　　　　多年来，中学的戏剧教育教学水平随着对专业化培训的担忧而逐渐萎缩。对于那些可能真的想在剧院工作的学生来说，正在发展的"过程戏剧"的相关词汇与他们毫不相关。当然，实际上，很少有学生能做到职业演员的位置。然而，更多人可能希望能够以他们业余的能力继续发展在学校被唤醒的这种兴趣；对于其他人来说，参与学校戏剧可能会把他们带入影视业，或者成为房地产制造商、布景画师或剧院管理员。[①]

　　　　　　　　　　　　　　　　　　　　—— 霍恩布鲁克

　　无论是持积极还是消极态度，我们都没有必要对这种观点做出过于强烈的反应。单纯将职业化目标作为戏剧教育的意图或目的是极端的还原论的做法。但在确定学校课程中戏剧的地位时，注意这些因素也不是不合理。更重要的是，戏剧与参与者的关系不仅仅是让学生直接从事与艺术有关的工作这么简单。在中学校长协会（Secondary Heads Association）的调查中，来自不同学校的688名受访者中几乎有一半并未把戏剧作为未来的职业规划方向，但戏剧依旧被认为是最有价值的教育方法，其效果在个人发展、信心建立、团队建设、责任承担和自尊培养等方面都得到了体现，而这些都被视为对任何职业都很重要的品质。

　　职业需求的概念可以超越职业，扩展到为学生丰富的文化生活做好准备时所起的重要作用。更广义的"职业需求"概念则关注学生作为潜在戏剧观众的问题。在第5章中，我们将更详细地讨论"反馈"戏剧的重要性。

---

①　Hornbrook, D. (1991) *Education in Drama: Casting the Dramatic Curriculum*. London: Falmer Press.

五、戏剧与文化分析

在考克斯的英语教学模式中，文化分析的观点强调了英语在帮助儿童"对他们所生活的世界和文化环境的批判性理解"中的作用。儿童应该了解"传达意义的过程，以及纸媒和其他媒体传播价值的方式"。应用于戏剧时，"对世界的批判性理解"这一短语在个人成长模式中并不突兀，但重点应该放在理解意义的构建和传达上，而不是如何通过表达来促进个人成长。

在传统阅读方法和最近强调的认知媒体的英语教学方法中也发现了类似的对比。哈德曼（Hardman）指出，阅读文学作品被视为"发展学生对某些被视为有道德教育性的事物的接受和反应的过程"，而认知媒体是"鼓励学生抵制或看清文本中的欺骗行为"。

> 在学习和尝试创作媒体文本时，学生们需要考虑如何锁定受众并传达内容。因此，对于社会性内容，重点更多被放在社会性文本是如何产生，以及人们是如何阅读它们的，相比之下，传统的英文阅读则更关心读者的个人回应。①

哈德曼接着指出，这两个主题的不同概念导致了英语和媒体研究课程术语中反映的教学实践的差异。他们的"阅读"和"写作"概念的差异变得明显。

在英语阅读中，学生需要"理解""评估""有想象力地回应""享受"和"欣赏"他们所阅读的内容。在写作中，人们期望他们能"有效地沟通""传达经历，表达感受和进行想象"。在媒体研究课程中，重点在于提

---

① Hardman, F. (2001) 'What do we mean by media education in English?', in Williamson, J. et al. (2001) *Meeting the Standards in Secondary English*. London: Falmer Press.

高媒体文本"构建"方式的"批判性分析"，以便学生通过学习阅读视觉图像、代码、惯例和语法，成为合格的媒体消费者。因此，媒体产品的一切都是被媒体化的，这一自然建构的概念，对宣传教育有基础性作用。

这里的区别可以有效地应用于戏剧。文化经典和个人成长模式之间的比较可能导致过度简化的极端化问题，这一问题的中心可以被粗略地看作戏剧文本是否应该成为戏剧课程的一部分。然而，没有理由可以说明为什么戏剧应该排除与个人成长有关的目标，特别是文学理论强调读者在创造意义中的作用。但是，为了学习和理解人类情境而参与戏剧（教育目标中的传统戏剧）和以了解意义是如何构建为目的而参与戏剧，这两种重点之间存在差异。这是重点而非类别的差异，因为意义的建构总是与特定的人类背景有关。这些差异超越了是否应该在课堂上使用文本的问题。当代的戏剧教育实践可能更多地关注学生对意义的建构和解构，而不是传统的教育实践戏剧。

六、戏剧手段

我们生活在一个教育时代，其长期目标（aims）和短期目标（objectives）都受到高度重视。除非明确规定长期目标和短期目标，否则任何工作计划或课程计划都不会通过外部机构的审查。在英格兰，英国教育标准局指定的良好课程标准之一是其拥有明确表达的目标。还有人建议，尽管教育目的的问题明显得到了重视，但其价值问题却被忽略了。明确学生应该知道、理解和能够做什么是一回事，而问为什么是另一回事。人们也有可能高估明确某个小目标的重要性，却低估教学思路的影响。合理规划课程的一些方法包括一种隐含的观点，即手段和目的之间的关系始终是依教学情况而定的。课程规划者或教师必须明确一个特定的总体目标或一组小目标，然后选择适合其经验、偏好或风格的方法。认为某些东西只是"达到目的的手段"，如果对暗含手段的选择进行无足轻重的预设，就应当被看作具有误导性的陈词滥调。手段和目的之间的关系实际上更加复杂。

霍恩布鲁克（1998：63）发表了11—14岁儿童的教学计划摘要，这些计划比以往许多戏剧计划更加重视知识。重点如下：7年级学生（11—12岁），印度戏剧、中世纪戏剧、面具戏剧、喜剧、莎士比亚戏剧、街头戏剧；8年级学生（12—13岁），自然主义和现实主义戏剧、电视剧、悲剧、荒诞主义戏剧、喜剧和布莱希特戏剧；9年级学生（13—14岁），悲剧、印度戏剧、当代戏剧、莎士比亚戏剧、电视剧、戏剧教育。

相对他之前的著作而言，这种对知识的强调似乎对于戏剧教育传统是更大的挑战。对许多戏剧教师来说，这个计划似乎是对戏剧教育传统的最终背叛，但人们也有可能对其有不同的反馈。除了书中提出的教学计划之外，几乎没有关于教学应该采取的形式的建议，就只说明在情节剧工作的背景下，教师"可以解释19世纪烛光如何被天然气取代，这对当时的表演风格有什么影响……"[1]

在没有任何"手段"的迹象的情况下，在课堂上实现戏剧体验的方式几乎没有任何线索。正是从戏剧教育的实践中获得的见解得以将拟议的教学计划转化为有意义的学习。仅仅通过将希斯考特或博尔顿的相关内容转换成一系列针对年轻人的连贯的教学经验，就能够预见其将要实现的教育成果。"假面戏剧"在专家外衣的戏剧方法中通用吗？难道像"时间旅行"这样的主题（使用过程剧的元素）不是中世纪戏剧的一种有价值的方式吗？手段与目的之间的分离将会削弱教育经验，因为"手段"是实际结果的重要决定因素。

尝试对"手段"进行分类存在将不同工作方法隔离开来的风险。如果将"基于文本"的方法与"既定"方法进行对比，则可能意味着文本上的工

---

[1]　Hornbrook, D. (ed.) (1998) *On The Subject of Drama*. London: Routledge.

作不会使用诸如画面、角色提问、教师入戏等方法。同样，如果认为"体验"戏剧完全不同于小组的戏剧制作，就会忽略在自然的小组即兴演出中，学生们创作出质量更好的作品。

霍恩布鲁克在《论戏剧学科》一书中，将以下对一个小学制作的《仲夏夜之梦》的观察作为对一个章节的总结。

全班所有十岁的孩子都参与了排练，他们学习台词、制作服装和舞台布景等，为父母和朋友表演这出戏。这是一个值得纪念的时刻，当我坐在那里时，我提醒自己，在9月之后，这些孩子会升入中学，而那时，戏剧可能会作为一个出现在课程表上的科目。我开始推测，他们将面临什么样的经历呢？这个带着如此热忱扮演媞泰妮亚的女孩，和那个在画出来的树之间穿梭，戴着纸做的王冠，背诵狄米特律斯台词的男孩，又是否能认识到、保有并逐步完善他们逐渐浮现的对戏剧技巧的掌握呢？或者，在这个小学操场上如此强烈且明显地表现出来的信心和造诣，是否会在一个无差别的角色扮演和即兴项目中黯然失色？[1]

没有理由怀疑这个叙述的真实性，但是这项工作作为一种教育经历，如果没有对"手段"的任何描述，我们很难对它做出任何判断。对于"目的"的描述，除了"制作莎士比亚戏剧"之外，也什么都没有，因此很难明确它的教育意图。这是小学生创作的莎士比亚戏剧，这个事实不需要进一步解释。如果把《仲夏夜之梦》的标题换成"关于泰迪熊的戏剧"，那么对于同一段话，就没有那么让人信服了。然而，不管是哪种情况，对重要内容的理解都将取决于过程和教学方法。即使采用相当传统的制作方法，如果学生要参与，排练也必须包括一些工作坊研讨活动。

---

[1] Hornbrook, D. (ed.) (1998) *On The Subject of Drama*. London: Routledge.

规划工作方案

前几节中概述的方法对普遍的戏剧规划有着重要影响。可以根据主题、项目、剧本、类型、风格和技能规划工作计划（见表3.1）。依据主题规划的话，戏剧往往与个人成长更紧密地联系在一起，重点就更多放在戏剧的内容上（欺凌、学校、家庭冲突）。这种规划方法的优点之一是为学生的经历提供了统一性和意义。然而，它可能会让学生缺乏进步感，或者让他们不再关注是否获得了特定的技能。它也更强调戏剧的"制作"，而不太重视对戏剧的回应。

依据主题规划的另一个优点是学生可以自由选择内容。欧文斯和巴博（1997：13）正确地指出了这种方式的好处：

> 小组成员对内容拥有真正的归属感，这些内容对他们有意义，因此他们可能会感兴趣。它让教师持续研究新产生的想法，从这个意义上说，这是一个对于创新能力和教育的挑战。[1]

表 3.1

规划方法	优点	缺点	理论依据
主题化（例如环境、海盗、太空旅行）	以学生为中心（强调意义）	可能难以看到学生们的进步。对戏剧的反思可能被忽略	个人成长、体验理论

---

[1] Owens, A. and Barber, K. (1997) *Dramaworks*. Carlisle: Carel Press.

续表

规划方法	优点	缺点	理论依据
项目（例如关于剧院的教育、研究和涉及要上演的戏剧，基于其他科目的工作）	具有灵活性。通常有明确目标	对结果的关注削弱了对过程的关注	文化分析
基于文本（戏剧文本或学生创作的剧本）	提供明确焦点。确保戏剧的内容能够被公众理解	可能会复制英语课程中的任务	文化经典、读者反馈
类型和风格（例如悲喜剧、面具剧）	拓宽戏剧教学方法	如果方法不正确，学生们很难有参与感	文化分析
技能	目标清晰。更直接地为评估规划方案	可能会忽略任何重要的内容。可能过于简化	职业需要

纯粹基于文本的教学方法既为戏剧提供了一个清晰的关注点，也为外界的监督提供了一个更切实的参考，但这种方法可能会牺牲学生的参与度（当然，这取决于课堂上具体的教学方法）。对于太小的或阅读困难的学生来说，这种方法也不太合适。我们也需要考虑课程中戏剧与英语的学科关系。在我们讨论关于戏剧在课程中的位置及其作为一门独立学科的地位时，这一因素常常被低估。在英语课程中，戏剧一直作为一门文学内容而非戏剧学科存在。因此，现在人们是根据主题和人物来研究戏剧，而不是研究如何在表演中创造意义。然而，越来越多的英语考试大纲正在敦促戏剧应该被视为戏剧，而不是纯粹作为文学文本。

"项目"这个词在这里被用作一个总称，用于指代一段时间内所有的工作，与具体是什么主题无关。这一规划方法不可避免地与其他类别有所重叠。例如，一个教育项目中的戏剧或为表演而设计的哑剧可以很容易地被归类为以流派和风格来规划。然而，我们把它单独划为一类，说明好的戏剧可以在跨学科的背景下发展，也说明我们可以围绕戏剧如何表演而创作。它也包括了通过即兴创作或通过研究建立半虚构的戏剧来集体创作表演。

基于以类型和风格的方法可能包括戏剧教育、肢体剧和荒诞剧等主题。与此处列出的几种方法一样，它可能对年龄较大的学生更有价值。由于"肢体剧"与基于文本的方法并没有什么必然的区别，所以这两个类别又有了重叠。根据欧文的说法，肢体剧是"表演、即兴创作、剧本创作、设计和集体创作可行的替代方法"。①

关注技能的方法有着不言而喻的意义，然而我们仍然要强调我们在第1章所提到的：如果目标是戏剧技巧，那我们通常没有那么关心戏剧的呈现。把技能与情境分离开来并不容易，许多戏剧中的惯例被认为是文学技能的一种形式，只要有适当的动机，所有年龄的学生都很容易获得。然而，这种规划方式确实提出了一些问题，即具体技能的教学是应该出现在特定的环境中，还是应该成为一个系统的课题。

这些规划的方法不是互不相关的，更不是互相对立的。我们做这些分类，只是提醒有这些可选项，而不是建议你选择其中一种进行划分。尽管表面上，它们应该被视为组织方法，而不是戏剧的不同意识形态的代表。在实践中，这些方法都是互补的。很明显，关注"目的"的价值之一是，所有这些方法都可以归入"个人成长"的大标题之下。当然，这需要该术语被用作教育目的的陈述，例如"与经验达成一致"，而不是暗示教育历史中自然发展出来的运动，教师没有进行干预。只要教学方式得当，所有这些方法都可能有助于学生的个人成长。总的来说，对于学生的教育教学，手段和目的同样重要。

因此，我们需要"矩阵式"地（无论是隐喻还是字面意义上的）看待规划工作方案，而不是线性地思考。仅仅一个简单的主题，比如"家庭"，我们就能用很多方式提取文本（例如《罗密欧与朱丽叶》），比如把剧本排练成戏，帮助学生思考戏剧，在集体创作戏剧时获得特定技能（例如在博览会上工作），以及使用不同的戏剧案例。同样，一个围绕特定文本（《罗

① Irwin, S. (2000) 'Physical theatre', in Nicholson, H. (ed.) *Teaching Drama 11–18*. London: Continuum.

密欧与朱丽叶》）构建的作品方案，很可能利用教师角色的惯例，比如集体创作和即兴创作。

正如温斯顿和坦迪（2001：116）所指出的那样，在为小学低年级学生（小学2年级）规划一系列课程时，戏剧可能会被整合到其他课程领域，而且"内容有限而分散"。随着学生年龄的增长，课程目标和评估标准将变得更注重戏剧这个学科。对工作方案规划的讨论不可避免地会带出与进展和评估有关的问题，这将在随后的章节中讨论。

然而，值得指出的是，我们除了关心学生的学习和理解方面的进展之外，进展的概念还与"课程设计"有关。工作计划不仅是一系列的课程设想，而且是需要从学生对课程的参与、回应和日益增长的独立性来考虑（也就是说，每个个人的计划实际上都是这个学生"宏观"发展的一个缩影）。一个教学计划与一个课程一样，都需要平衡结构和经验。换句话说，经验丰富的教师，对于一个戏剧工作方案，可以用教师的即兴表演作为开始，以介绍特定的主题。在规划工作时，第一节课对于吸引学生、让学生参与其中至关重要。在那之后，学生们可能会产生主观能动性，让教师减轻一些压力，不必每节课都消耗大量的精力。对于教师们来说，传统的戏剧教育模式十分辛苦。他们要负责设计、创作和构建戏剧，还要确保适当的"感情深度"。这可以被描述为寻找"内部经验"的正确质量，而不是满足于创建外在形式。我们需要更加密切关注内部和外部体验之间的区别。

第 ❹ 章

戏剧评估：内外部体验

内部和外部

戏剧评估

课堂上正在上演：

警卫慢慢接近囚犯的牢房。他们在外面停下来，发现其中一人丢了钥匙。长官咆哮着发出一条指令："傻瓜，去搜查牢房！"警卫进去了，他们对囚犯搜身，并检查毯子下面，但没有找到任何东西。当他们离开时，囚犯们聚集在一起，压低声音商定他们最终的越狱计划。他们留意到其中一个囚犯的表情，心生怀疑。突然，一名警卫的声音传来，"钥匙在哪里？"囚犯中的眼线缓慢站起来，并指着其中一个囚犯："他拿着呢，先生。"咒骂的声音慢慢传来，可以听出声音中的痛苦："浑蛋，你是浑蛋！"线人蹲在地上，双手抱头。

这个场景来自1971年根据多萝西·希斯考特的作品拍摄的一部BBC电影《三个织布机的等待》（*Three Looms Waiting*）。在一个戏剧课堂项目中，一名教师在一所少年学校教授一群十几岁的少年犯。这部电影和这堂课对戏剧教学产生了巨大的影响，从那时起就有很多关于这一事件的文章。人们常用"参与度""深度""敬畏时刻"等概念来描述这里讨论的瞬间。第7章中我们将再回到这一课程，从当代角度来分析它，审视构建意义的方式，而不止于惊叹参与者的感受有多深切。但在本章的讨论中，这一点将会被采用，以便于提出与戏剧评估相关的问题。

这堂课之所以如此有影响力，一个原因是学生的参与程度。对许多教育戏剧的从业者来说，它代表了戏剧教学所追求的目标。毋庸置疑，参与者投入的程度和对演出参与感的程度令人印象深刻。让我们想象一个假设案例：不同的一组学生被"指导"重新演绎与本课程高潮部分发生的完全相同的情节。当我在授课中提到这种可能性时，有人向我指出这根本不可行："这里的环境是独一无二的，不可能完全复制它们。"情况可能确实如此，但这是一个逻辑上的而非现实的假设。给一群学生完全相同的台词，并且漫不经心地排演这一情节中少年们相同的行动，这是可以想象的，即使这样做的可能性是微小的。

与这个假设案例相关的关键问题是，我们如何区分"真实"和"复制"的体验，尤其是当两者外部行动相同的情况下。戏剧教育早期先驱的主要贡献之一是强调戏剧参与者体验的质量。以前解决这一问题的方法有很多种形式：重复形体动作（"起床 …… 打哈欠 …… 洗耳朵后面"），在老师的指导下依照写好的台词表演（"更加生气地说这些话，在你说的时候轻微扭动你的脑袋"），小组戏剧表演（"在你的组内表演你去学校的路程"）以及各种其他表现形式。许多方法有一个共同点，即都强调让外部动作看上去正确，而没有真正关注参与者感受的质量。随着教育中的戏剧的实践出现，对学生的"感情参与"和"理解学生"成为评价戏剧的关键组成部分。但是，如果内部体验很重要的话，我们在对戏剧做出评价时又如何将这些因素考虑在内？ 这个问题显然对评估结果很有影响。

内部和外部

对于戏剧研究者而言，内部体验和外部体验之间的区别仍然是一个重要的问题：

> 一些教育工作者试图将动态且持续发展的戏剧课程归纳成一个成果导向的计划，这种情况可能并不奇怪，成果基本上是可见和可测的技能和态度，而不是当人体验了艺术创作后发生的内在变化。[①]
>
> —— 泰勒

根据克拉克和古德的说法，戏剧过程是我们内心与现实世界之间的调解过程。尼科尔森指出，"对学生的评价不是基于他们的个人价值、看法或态度，而是根据他们对戏剧的发展实际的贡献"[②]。"教育戏剧"的发展在某种程度上可以被描述为，从早先强调外部的、公共的和对于某些研究者而言"表面的"因素，转向注重真正的感受和深度。这种对"内部"的关注一直是霍恩布鲁克对教育戏剧的传统的批评之一，他认为这是"浪漫主义传统"的延续。他想要摆脱的过去之一是他眼中对私人或内部体验的过分强调。通过探索知识和技能更加强调自发性，艺术变成了"心理学过程"。

---

① Taylor, P. (2000) *The Drama Classroom: Action, Reflection, Transformation*. London: Routledge/Falmer.

② Nicholson, H. (ed.) (2000) *Teaching Drama 11–18*. London: Continuum.

浪漫主义强调内化艺术，将重点从熟练技能中移开，从生产制造活动中移开。战后对艺术教育的思考使我们不再把艺术认为是关于生产和评价具有社会价值的产品，而是转向将艺术作为与个人内心世界的一种治疗性连接的观点。教育戏剧私人的、个人倾向性的结果与戏剧中明显更公众化的结果形成了对比。

作为本书主题的截然不同的概念构成了以下评论的基础：过程和结果，感受和形式，结构和体验，公共和个人。然而，这些区别的核心是内部和外部体验之间的区别，一种更具哲学上的挑战的二元关系。但是在研究这些概念的理论含义之前，我们应先从更直接的角度来考虑问题。如果一种"审美教育"的概念有意义的话，那么作为教师，我们必须关注学生获得的体验的本质。如果不这样做，我们就只能接受只是机械地说台词却毫无理解和情感，抑或是漫不经心地绘制布景却没有任何目的和意义，学生获得不了有效的戏剧体验。接受这一观点，就是要重回戏剧教师50年来一直试图逃避的教学方法。

另外，霍恩布鲁克对强调"内部"的质疑似乎也是有道理的。如果我们相信并重视实际是隐藏的和个人的东西，那么所有关于验证和评估的尝试都不会有效果。因此，将这一讨论放置在关于评估的一章中具有重要意义。毕竟评估是关于公共问责制的，是在公众面前做出判断并证明其合理性。从理论的角度来看，在接受一种行为主义（只有外部动作才是重要的），或受到某种浪漫神秘主义或更糟糕的东西的管控这一哲学二元关系之间，我们似乎举棋不定。

二元论的概念引入了另一组对立关系：精神主义和行为主义，身体和心灵，主观性和客观性。许多人认为二元论的形式已经被超越，现在已经没有意义了。但正如库珀所写的那样，"对（这种）二元论的反对已经成为一些作家的陈词滥调，他们的观点被称为'后现代主义的'，并且没有任何证据证明二元论已经被解构或遗弃了"[1]。因此，重要的是将目前的讨论置于实际问题中，而不是进行抽象的辩论。除非充分探索其全部含义，否则二元论的概念本身几乎没有意义。正如本书中提出的许多问题一样，维特根斯坦的写作极具启发性，尽管他的思想看起来有些抽象，却都基于现实生活和行为。

维特根斯坦的作品对哲学的革命起了很大的推动作用，这场革命摒弃了西方思想中所谓的"内在假象"。

> 当我们意识到自柏拉图以来每一位西方哲学家都以某种形式接受了心理的精神内容或意识的概念时（就像每个现代心理学家一样），维特根斯坦在摧毁他所谓的"内心世界"的"纸牌屋"方面的贡献便显得更加突出。所有人都假定想象、看法、思想、印象、观念、概念等是真实存在的。[2]

错误在于假设"理解""思考""想象"这样的词语必须用于描述人类主体可以接触到的某种内在心理状态。要理解这一点，我们要摆脱一些我们的常识性观念，即理解的过程在某种程度上必须是一个心理接受过程。我们在思考"理解"这个词的时候，不能结合我们假设它描述的东西（一种思维过程），而是考虑它在语言中是如何运用的；我们需要把符号和意义分开，把这个词本身和它被认为代表的事物分开。

当有人说他们已"理解 x"时，这并不意味着他们是在声称进行一些有关"x"的内部的、个人的心理活动。"理解"这个词只在公共语境下才有意义。这一点，当我们问如何得知某人已经"理解 x 了"这样的问题时，就十分清晰了，因为我们只能通过观察他们的行为方式并听取他们所

① Cooper, D. (1990) *Existentialism – A Reconstruction*. Oxford: Blackwell.

② Finch, H. L. (1995) *Wittgenstein*. Dorset: Element Books.

说的话来判断他们是否已经"理解 x 了"。从理论上讲，通过观察他们的行为或提出一些问题，我们可以在各种情况下测试他们的"理解"。如果有人说他们已经理解都柏林是爱尔兰的首都，我们就没有理由怀疑他们的说法，除非再问同样的问题时他们回答"戈尔韦"，或者被问到英格兰首都时他们仍然回答都柏林。如果他们没有通过这些测试，就很难看出"理解 x"可能意味着什么。这个词不是通过一种叫作"理解"的短暂心理活动得到了意义，而是在人们声称自己"理解"了的这个特定时刻之前和之后发生的事情。

可以认为，在这样关于理解的观点中，人们不可能真的被认为理解了某事，因为理论上测试可以永远进行下去，但这正是关键所在。它改变了我们对理解是"全有或全无"或者一个特定时间的特定的事件的看法。这影响着教育工作以及如何开展评估。这意味着我们可以将教育视为一个不断完善和深化的过程，从新的角度看待事物，建立新的联系。戏剧从业者为什么难以从特定戏剧中获得精确的理解（见第 1 章）也就不奇怪了。布鲁纳（Bruner）的螺旋式课程概念常会被简化为类似于执行关于以往研究过的课题的修订课程。然而，基于这种理解的观点，"螺旋式课程"的概念要基础得多。对评估做分析的重要性在于，要认识到作判断时"模糊的边界线"并非不完美的缺陷，而是过程中一个基本的要素。"已经理解了某些东西""已经掌握了某项技能、某种知识"，对于任何人来说都只能是一个模棱两可的说法。

以前的哲学家们认为，当我们进行"理解""感知""想象"等所谓的心理活动时，必须有某种精神内涵作为目的。这就好像我们可以通过审视某个人的内在来找到这些词语的确切的、本质的含义，而不是研究如何在日常生活中使用这些词语。我们可以指着走路的人说"这是走路"，但我们不能对"思考"这个词做同样的事，并以此对这个词的含义提出深刻见解。

虽然我们有时把"思考"称为一个句子所伴随的心理过程，但这伴随并不是我们所谓的"思想"。——说一句话，并思考它，再结合着理解说一遍——然后现在不要说它，仅做你带着理解说的时候伴随的那件事！ ①

—— 维特根斯坦

请注意，维特根斯坦此处并没有说我们因为不理解而不去表达。对"眼线"这一课程的假想模仿的要点是，学生们仅仅会在排练中模仿动作和语言，而不会理解它们。对事物的理解是不能从表达它的语境中抽离出来的。

从语言的语法角度会促使我们产生思索，如"思考"和"理解"这样的词指的是我们内心发生的事情，而不是生活中的模式。当我们谈论想法"闪过某人的大脑"或"抓住某人语言的要点"时，就好像是这些词语指的是内心发生的某事似的。但这些话俘获了我们。决定使用"思考"和"理解"这些词语合适与否的正是情境。

我们试图了解"理解"的心理过程，它似乎隐藏在那些更粗糙的，更显而易见的伴随物之后。但我们没有成功，抑或是说，我们根本没有机会尝试。②

这些见解对戏剧和一般的艺术教育都有重要影响。如果"理解""欣赏"和"想象"等活动被错误地认为是本质上内在的和隐蔽的，那将会把我们引向完全错误的方向。这样的结果是，我们对外部发生的事漠不关心，

---

① Wittgenstein, L. (1953) *Philosophical Investigations*. Oxford: Blackwell.
② Wittgenstein, L. (1953) *Philosophical Investigations*. Oxford: Blackwell.

或可以这么说，我们摆脱了教学中所有真正的职责。因此，自由的、非结构化的、创造性的表达只在"内部自我"所带来的好处下，才被证明是合理的。因为从定义上看，这些都是神秘而又隐蔽的，所以没有真正的标准来判断艺术教育的效果，它完全变成盲目信仰的问题。如果说戏剧的目的是促进"理解"，而"理解"指的是一些个人的、内在的能力，那么这么说将毫无意义。

维特根斯坦反对个人台词可能性的论点加强了反对内在自我的理由。"个人台词"是指只有说话的人知道的东西，是直接的私人的感受。他问道，我们能这样吗？

> 想象这样一种语言，在这种语言中，一个人可以写下或者说出他的内心体验 —— 包括他的感情、情绪，等等，却仅对自己起作用？好吧，我们难道不能用普通的语言这样做吗？但我并不是这个意思。这种特殊语言的单词只有使用者才知道是什么意思，是他独有的感受，对另一个人来说就是不知所云。①

当某些词语只能依靠个人经历来获得意义时，这种语言才有可能存在。对"个人台词"的可能性的一种反对意见是，不能保证使用该语言的一致性。为了做到一致，需要在人与人之间达成共识的情况下制定正确性标准或规则。这一论点所依据的事实是，语言在很大程度上在外部公共语境中具有意义；在维特根斯坦的术语中，当要命名一种感觉时，需要一定程度的"舞台设置"。只用一些方法来建立独立的标准，才能声称某件事是"真实的"。

回到这些论点在戏剧和艺术中的运用，很明显，任何支持私人的、个

---

① Wittgenstein, L. (1953) *Philosophical Investigations*. Oxford: Blackwell.

人主义体验的教育论点，都会因为甚至没法描述正在进行着的事情而面临困扰。为了实现这一目标，我们需要在共同的情境中达成一致，这也符合当代对戏剧在社会文化方面的重视。要使与戏剧的结果相适应的台词有意义，就必须将它与行为的标准联系起来。当涉及评估和评价问题时，这一点很重要，因为我们只能正确地判断我们能看到的内容。

维特根斯坦有效地废除了形而上学的、自我的观念，他的观点似乎支持了霍恩布鲁克对明确的公共产物的重视。然而在这个过程中，我们似乎达到了一个高度实证主义的、行为学的立场。但作为艺术教育工作者，这完全不是我们期望的。然而，这正是戏剧教育者被不可阻挡的反二元论的逻辑所推动到达的立场。艺术无可辩驳地在人类精神生活和心理活动方面高于其他一切东西吗？我们如何解决逻辑论证将我们引向的悖论？逻辑和直觉似乎指向了不同的方向。如果我们回到两个戏剧课程（"真实的"和"复制的"）的例子中，我们会通过参与者的外部动作来判断二者。在我们讨论的基础上，到目前为止，没有任何方法可以将学生漫不经心地进行排演的教学和"真正的"教学区分开来。

维特根斯坦的写作基本聚焦于语言。这个重点在关于戏剧和艺术的"内心过程"的讨论中经常被忽略。他的论点在很大程度上与我们使用单词的方式和语法有关，而不是对我们作为人类如何行动的归纳或描述。他说"内心过程需要外在的标准"，但这并不是说内心过程的概念毫无意义。这也不意味着在教育中我们要避免提到内心感受。相反，维特根斯坦哲学的影响正是为了解放我们，使我们在教学中专注于内在过程，而不会被指责为神秘主义，或追逐二元论形式的"幽灵"。

这一对语言的分析在摒弃了内在自我的同时也摒弃了纯粹外部的、客观物化的世界。我们现在可以将其视为语言运作方式的表述，而在维特根斯坦之前，这样的说法可能听起来像是对唯心主义（或当代的伪后现代主义）的可疑主张。自笛卡尔以来，认识论旨在解释我们是如何知道我们知道的事物是如何让哲学家困惑和不理解的。维特根斯坦的方法是体现怀疑论者对外部世界的怀疑是在一个不同语言情境中运作的。建立哲学怀疑论者所寻求的那种知识和确定性的尝试，是去试着检视我们通常使用"知识"和"确定性"这两个词的背后含义。怀疑外部世界的存在，并不等同于怀疑一个后来通过观察证明存在的行星。关于物质对象存在的怀疑并不会产生实践中的差异。我们不必在严格的客观性或虚假的主观性之间做出选择。相反，我们对体验的"内部"和"外部"维度存在一个更综合的观点。

"思考""理解""感知""反馈"和"感受"是现实世界的一部分，但由于不是封闭的和个人的，它们现在就可以对我们思考教育方式产生更大影响。传统的关于内在自我的哲学概念使它变得神秘，且掩盖了它实际上对教学没有任何直接影响的本质。但是如果不注重精神世界，就相当于把婴儿丢到浴缸里自己洗澡，没有任何体验感，这也正是我们在戏剧教学中要防范的。对"公共产品"的盲目信仰，而不顾学生的体验，正是由此而产生的。

如果我们回到希斯考特课程的例子，去问区分"真实的"和"复制的"产物是否重要，答案是这一切都视情况而定。如果我们为了陶冶自己和培养见解来观看表演，那这几乎不重要，因为我们在这两种情况下的所见是相同的。但是，如果我们从学生的教育的角度来看，那么他们的理解和参与程度确实很重要。但是，我们不能通过审视学生内心来区分"真实的"和"复制的"体验。这是许多戏剧研究者犯的可以理解的错误，因为如果不诉诸内部，似乎就没有标准来区分一种体验与另一种感受。

维特根斯坦并不是否认内部状态的存在，而是指出我们使用语言的方式，尽管看上去是用来描述内心状态，实际上是在人们进行行为的情境下来获得其意义的。借用麦金恩（McGinn 1997：67）的术语，我们需要将注意力从戏剧特定活动所附带的内容转移到戏剧发生的背景或环境上。

正是通过考察整体情境，我们才能对"眼线"这个例子中体验的质量做评论。只有这样，我们才能确定在"真实的"情况里，学生参与了计划、理解了情境，并对正在发生的事情拥有了一定的参与感。我们有理由得出这样的结论，他们在最终的演出中有一定程度的感受，但我们只能通过考察外部动作和行为模式来做出判断。正如上一章所说，在戏剧教学中不应将手段与目的分开，因为它们本就是密不可分的。声称一个教学体系需要包含情节剧、中世纪戏剧，等等，对戏剧课程来说，除非我们知道了这些活动实践有怎样的意义，以及这些活动所处的情境，否则我们便是一无所知的。

戏剧评估

　　上述讨论表明，对戏剧的评估可能需要一些策略以同时了解其过程和结果。换句话说，如果评估员在观摩学生演出一场戏，或基于即兴表演设计的片段之前，事先做了准备和计划，或者了解了学生对自己或他人的创作的反馈，他将会从中获得更多的信息。"表演"通常被认为是戏剧的独立成果，然而这种传统的看法将受到质疑。试图评估表演本身，而不与过程产生某些特定联系，那关于学生的理解只能获得很少的信息。表演既是"一切"也"什么都不是"。

　　在实际中，戏剧评估员不会特意了解某一项目的所有前期工作，就可能对参与者的理解、参与、感受深度做出判断。重点是，这些意见是基于对情境的推断，而不是对精神世界情况的判断。前面讨论的另一个结果是，我们不必为了避免使用含主观暗示的词汇以净化现有与艺术评估相关的语言。

　　第1章指出，赞扬教师的教学成果而不是学生的成就，是教育中戏剧传统的一部分。希斯考特教授的"眼线"这个课程之所以获得赞扬，不是因为学生们在戏剧呈现方面有杰出表现，而是因为这是一个优秀的教学范例。学生们不可能有太多的戏剧经验，但在几天之内，他们创作出了高质量的作品。这种传统仍然存在于过程戏剧中，即教育者的艺术性比参与者的更受重视。虽然当代的戏剧评估更多倾向于学生的创造和成果，但在教学过程中显然需要教师的支持或作为"脚手架"的帮助。这使得评估过程变得复杂，因为有时难以将学生和教师的成绩区分开来。戏剧主要是一种社会性活动，这造成了评估的另一个困难。需要汇报的通常是某个个人的成果，但将它从一个集体的活动中分离出来不是那么容易的。一个学生在戏剧中的表现或贡献往往是特定情境造成的；他们的贡献和成就也可能取决于戏剧特定的主题。

西蒙斯（Simons）指出了戏剧评估中的另一个问题。课程的内容经常因为"来自学生的自发的创作和教师指导的当场调整而偏离教学计划"。因此，重要的是"计划好的评估方式需要相当灵活"。所有这些问题都使评价学生变得更加复杂。

近年来，一些出版著作为面临制定评估方法这一难题的部门提供了实用的指导。艺术委员会（The Arts Council）出版的《校园戏剧》（*Drama in Schools*）一书规定了三个指标（在报告中称为"活动"）：创造、表演、反馈。霍恩布鲁克采用了类似的框架，利用国家课程结构的标准以及关键阶段结束时的目标和成绩说明。例如，在被描述为"学生为了解释和表达想法而运用戏剧形式的能力"的"创作"方面，关键阶段2（11岁）结束时的学生将被期望能够"作为一个团体的成员，富有想象力地创造一个排练过的戏剧场景；在他们的演出中建构连贯的戏剧叙事；在他们的戏剧创作中融入戏剧性的技巧和方法；阅读常见剧本并了解如何使用舞台提示展示对表演中结构戏剧性行为的理解"[①]。

《英国国家中学戏剧教师手册》（*The National Drama Secondary Drama Teacher's Handbook*）就以下课题提供了若干建议：使用教学成果评估；评估的频次；可以使用的策略种类。该书包含了一个在模块开始时给予每个学生预先打印的表格，它概述了目标和评估标准。例如，在戏剧中的诗歌部分，学生被告知他们将被以下指标评估：

---

① Hornbrook, D. (1991) *Education in Drama: Casting the Dramatic Curriculum*. London: Falmer Press.

- 关于声音和动作的运用（创作戏剧）

- 关于人物的看法（创作戏剧）

- 如何将你的想法传达给观众（表演戏剧）

- 在创作过程和最终成果中你的想法（戏剧反馈）

该书还提供了一个学生档案的例子，协助教师用以下标准对学生进行评估：组织、合作、小组工作；倾听；扮演角色的能力、对剧本的思考；处理台词、肢体语言、表演、反馈和评价。这些项目中的每一个都有更细化的五个标准。例如，"对剧本的思考"被描述为"给出富有想象力的想法，解释角色和情境，用不同角度进行创作，理解和表达主题，表现出表演价值的意识"。评估似乎很复杂，但一张 A4 纸就可以把它们全部容纳。

《戏剧评估》（Assessing Drama）在其第 1 章中阐述了与艺术评估有关的重要官方文件。这本书很好地说明了戏剧评估所面临的特殊挑战。例如，关于初级戏剧的章节提出了在不同课题下 28 个评估的重点领域：戏剧作为一种学科、艺术形式、戏剧作为表达的语境、戏剧作为阅读和写作的语境、以戏剧促进其他学科的学习。说明这一过程潜在的复杂性。评估框架分为三个主题：个人、社会和表达技能；概念学习（认知和情感）；理解和使用戏剧方法。这些标题和建议为教师制订评估方案提供了一个起点："为了使这些标准起作用，教师作为个人需要把它们组合起来形成一个组合或说明，它应该能够概括出成果展示中期望看到的表现水平的范畴，并让教师以此知道他们在评估学生时应注重什么。"评估方法的建议清单很有帮助，也再次说明了这一过程潜在的复杂性：观察、故事叙述、音频 / 视频录像、摄影、研讨会展示、表演、创造性思考、交流、问卷调查、制作档案、自我评估、同学评估、工作坊实践。

尼兰德斯的《戏剧启蒙（11—14 岁）》与最近的许多出版物一样，也承认评估戏剧时创作、表演和反馈的重要性。KS 3（是指英国 7、8、9 年级，年龄介于 11—14 岁，与中国的初中教育相当）的戏剧课程的目的和目标，包括学习体裁和技巧、作为小组成员的工作，以及观察和评估表演。该书在"戏剧行动""适应角色"和"戏剧创造"的主题下提供了七个级别的发展具体细节。关于评估的部分基于以前的模式为关键阶段3的评估标准提供了一个建议的方案。尼兰德斯强调了一个事实，即不同的学校可能出于不同的原因而重视戏剧，这也将反映在评估安排中。

在一些学校，评估可能侧重于学生的个人和社交行为。另一些情况下，由于戏剧对语言和识字的知识技能做出的贡献，对戏剧的评估可以归入对英语的教学评估中：在 KS 3 戏剧为基础并为 KS 4 铺平道路的学校中，评估可能侧重于学生对进一步学习戏剧以取得资质而做的准备上。根据课程中戏剧被赋予的价值，对戏剧的计量的要求也可能因学校而异：有些学校可能要求注意戏剧中的详细评价；而另一些学校，除了评估学生的自信程度以及与他人有效合作的意愿外，其他信息则不太重要。[1]

克拉克和硕特（Short）确定了"三个对戏剧教学和学习至关重要的关键领域"，即"戏剧形式""表现和表达的能力"以及"交流和反应"。每一项都有进一步的细分。例如，戏剧形式包括五个方面——情节/剧本、技巧、角色/矛盾和剧作、类型、象征意义，每个方面都有六个级别的相关描述。该方案力求涵盖过程和结果的各个方面，以反映其作者的特定理论取向。

肯普（Kempe）和阿什韦尔（Ashwell）确定了"三个活动领域"——创造、表演、反馈，每个领域分为四个部分，而这四个部分又有八个级别（外加"卓越表现"）。这种"进展图表"旨在帮助教师了解学生的知识、技能和理解的情况。作者还提出了一种"基础评估"的方法，在小组演剧创作的项目中，可以根据各种标准将学生分为三个等级（后进的、合格的、超常的）。

---

[1]　Neelands, J. (1998) *Beginning Drama 11–14*. London: David Fulton Publishers.

表4.1

作者	主要课程目标	将"课程目标"应用于个人身上的示例
霍恩布鲁克（1991）	· 创造 · 表演 · 反馈	表演。在关键阶段2结束时，学生应该能够：在戏剧中创造和维持有趣和令人信服的角色；根据选定的角色或角色的要求调整声音和动作；作为一个小组的成员，自信地向同龄人和成年人表演；表演期间执行适当的"场下"任务
尼兰德斯（1998）	· 创作 · 表演 · 反馈	"反馈"的七个层次（在这里给出前三个）：理解"下一个行动"与叙事顺序之间的关系；理解行动之间的因果关系；理解行动是"特定情境"下的
克拉克和古德（1999）	· 个人、社会和表达能力 · 概念学习（认知和情感） · 理解和使用戏剧形式	概念学习的标准：与主题的认同程度；在主题范围内扩展思想的能力；在体验期间和之后反思戏剧中产生的意义的能力
克拉克和硕特（1999）	· 戏剧形式 · 表现和表达 · 沟通和反应	每个目标都有五个方面，例如"戏剧形式"：情节/剧本、技巧、角色/矛盾和剧作、体裁、象征意义。每个方面有六个级别
肯普和阿什韦尔（2000）	· 创造 · 表演 · 反馈	每个目标都有四个方面，例如表演：在表演中与其他人合作；在表演中解释叙事和塑造性格；使用戏剧以此传达意义的象征物；根据不同目的、考虑到不同的受众选择风格体裁和形式。每个方面有八个级别

　　这些著作代表了现有建议的样本，以帮助面临设计评估方案困难的老师。表4.1是对它们的总结。这并不是为了把一个新的方案或框架添加进激增的表单里，而是为了讨论制订类似计划时将面临的困难和挑战。

　　即使是从非常简短的总结表4.1中看，评估戏剧的过程也复杂得惊人。任何评估的核心困难之一是可靠性和有效性之间的关系，需要可靠的评估形式，以便公平地比较学生的成绩水平。可靠性意味着在不同场合重复，用于测试不同人时，有多少可能产生相同的结果。要求学生匹配剧作家与作品的多项选择题也许是非常可靠的（纯粹以技术性的语义使用术语），但它不太可能被当作合适的戏剧评估的方法。评估形式可能是可靠的，但这并不意味着它们是有效的。有效性的传统定义是"在多大程度上测量了它需要测量的东西"。戏剧评估方案的复杂性部分源于其希望创建有效的、能充分体现主题的评估形式。但是，有效性和可靠性往往会背道而驰。教师可能已经设计了一个复杂的规格，用于评估各种不同的戏剧作品，并使用不同的记录方法，但被质疑时，仍很难证明对比不同学生之后给出的特定等级的合理性。以记录、自我评估、照片、录音带等形式积累的大量证据不一定有帮助，因为很难将不同的内容相互比较。

戏剧不可避免地受到流行的教育氛围的影响，这种教育氛围倾向于重视总结性（在特定时间点上作出判断），而不是形成性评估（更多地与反馈有关）。多年来，大多数戏剧研究文章没有提及为学生提供对他们的戏剧作品的具体反馈。课程分析往往侧重于教师如何改进教学，而不是学生如何执行他们的任务。提供反馈隐含地与"指示"和"指导"有关，并过分强调行动的"外部"特征。为了提供有效的戏剧评估，我们希望尽可能广泛地进行评估。这就引起了学生和教师的忧虑，因为他们不断地收集依据，以便为总结性评估提供信息，却不一定把这些囊括在教学或学习进程中。

这里一些方案的复杂性表明，需要将学习方案与课程目标区分开来。该术语作为国家课程框架的一部分被引入，以区分教学大纲的内容和评估的重点。这是一个有效的区别，因为它使我们认识到，评估无论多么复杂，都只能基于广泛和平衡的戏剧教学大纲可能的样子而做出选择。如果评估方案试图包括看似重要的所有内容，则它的可靠性将没有保障。它可能变得非常复杂，甚至在一个30人的班级里收集学生的详细资料都会变得难以掌控。

与制订评估方案有关的另一个问题是对内容的理解相同。有这样一个假设：目标、水平和支线确定得越详细，使用该计划的人就越会产生共同的关注点和理解。当然要求并不那么直白，简单挑几个随意的说法并问"这意味着什么"就可以证明，例如，"在戏剧中表现出自我意识""意识到视觉和书面文字的戏剧性潜力""在戏剧即兴创作中保持叙事的一致性""反馈和使用形式元素"。比如说，很难想象有人参与戏剧时没有"反馈和使用形式元素"。这时，重要的问题立即浮现在脑海中，例如"到什么程度？"（比上次或比去年好？）或"以什么方式？"这里的要点不是贬低那些制订评估方案的研究者的工作，而是要认识到，他们对成果的评价只有通过实践来体现时才具有真正的意义。普通中等教育证书的评分审核会议就提供了对解释进行分享的类型，它需要延伸到其他阶段，以具有可靠性。

戏剧评估过程的一个潜在关键问题是，它被简化为单纯的技能评估，忽视了对意义和内容重要性的关注。例如，克拉克和古德的方案包括了把"概念学习认知和情感"作为评估方向之一。第1章中所讨论的有关内容的学习评估一直是教育戏剧的一个核心问题。然而，此处，克拉克和古德并没有太多地提到与课题相关的精确学习内容，而是学生对内容的反应，例如"根据一个主题扩展思路"。这是一个很好的区分。正如第1章所指出的，意义和内容在戏剧中都是极其重要的。例如，仅仅让学生能够"展示各种戏剧形式和技巧的使用"是不够的，而是要在"探索和交流愈加深刻和复杂的思想"的过程中运用它们。然而，内容的重要性可以在目标的概要说明中体现，而不是每一个环节都重复。举例来说，霍恩布鲁克对"创造"的定义就可以被解释为隐晦地承认了内容的重要性："学生为了解释和传达思想而运用戏剧形式的能力的发展。"或者，我们可以将这方面扩展得更加明确："培养学生运用戏剧方法的能力，以便诠释和表达思想并探索其深度和意义。"然而，在实践中的解释比这里的具体评价更为重要。

在本章的理论讨论的基础上，结合近几年的现状，现在应该抛弃"表演"和"创造"在戏剧评估中的区别。在过去被称为"内部"的经验维度中对过程和情境的重视也支持了这一观点。这并不是说，表演不是戏剧的重要部分。相反，交流和表演几乎可以说是戏剧这门艺术的决定性因素。然而，评估中"创造"和"表演"之间的区别意味着无论在何种情境下，都可以对"表演"进行评估。正如博尔顿所问，"如果一个学生在行动中尝试一种想法，这是'创造'还是'表演'"？要保留二者之间的区别，就有可能以牺牲"理解""真实性"和"感受"为代价，而优先考虑"戏剧性"华而不实的形式。

如果12年前（英格兰引入国家课程时）就建议放弃"表演"作为目标，那将被视为反对表演本身，以及暗含主张反对观众、剧本，以及对戏剧的反馈（在20世纪70年代的教育戏剧实践的极端形式中，所有这些因素在某种程度上都被忽视了）。但事实并非如此，取消"表演"作为一个单独的目标反而提高了它的地位，等于承认了它在每一个戏剧活动中的中心地位。但这也是为了摒弃一种观念，即"表演"可以抽离出来单独评估。这就是为什么表演既是"一切"又"什么也不是"。在各种评估方案"创造"下列出的说法总能在表演某些方面表现出来，例如，"表现出对戏剧性行动如何结构在演出中的理解"，"用非正统的处理素材的戏剧方法来实验，以创造有深度的原创戏剧"。

融合"创作"和"表演"具有实践和理论的双重原因。目标的简化降低了评估过程的复杂性。对于年龄较小的学生来说，两者就更无区别了。这一点得到了霍恩布鲁克的认可，他建议"教师可以将前两个目标 —— 创造和表演 —— 合二为一，并简单简要组合 —— 制作戏剧进行评估"。国家课程艺术项目将"创造"和"评价"确定为艺术评估的两个领域。建立贯穿关键阶段的一致框架，将便于促进持续性和不断进步的程度。

本章不会以一个只基于两个目标的替代评估方案来结束。在没有国家级戏剧评估要求的情况下，克拉克和硕特的研究证明在地方一级建立评估方案是极具价值的，已发表的建议方案也为参与这一过程的教师提供了充分的支持。例如，肯普和阿什韦尔提供了网络服务，以便下载他们的表格用于跟踪进展并适应不同地区的需求。我们需要的不仅是更多方案的普及，还有教师判断的评分标准，这目前仅限于普通中等教育证书（GCSE）的评估。

不急于设计替代评估方案的另一个原因是关于教学评估的文件远未完

成。"创作"和"反馈"总出现在戏剧评估方案中,但在完全独立地处理这些元素方面也存在问题。下一章将更详细地讨论"创作"和"反馈"之间的关系。

第 5 章

戏剧发展：创作与反馈

发　展

创　作

反　馈

一场戏剧活动正在进行中，以阿尔弗雷德·诺伊斯（Alfred Noyes）的诗歌《劫匪》（*The Highwayman*）作为创作内容。参与者阅读第一小节并以小组形式开展，准备呈现三个画面定格，每个画面描绘一个涉及三个角色之一的日常场景（在马厩工作的马夫、在旅馆工作的贝丝、路上的劫匪）。之后，其他参与者需要猜测呈现的是哪个角色。完成这个工作后，小组需要集体创作一个静态画面，同时呈现这三个角色，以此表现他们对这首诗的理解，同时大声朗读相关的诗句来配合展示。当小组观察和表述这些画面时，老师问一些猜测性的问题：贝丝知道马夫爱她吗？房东是否知道贝丝正在和劫匪约会？我们不知道任何关于贝丝母亲的信息 —— 她可能发生了什么？马夫怎么看待劫匪？劫匪如何对待马夫？

小组在阅读之后的两小节之前，会先预测后面的情节。然后，他们会了解到，贝丝为了拯救劫匪而死于国王卫队的伏击。而他则在为她报仇的过程中丢掉了性命。当小组朗读时，他们会发出一些声音来配合文本内容（例如鹅卵石上的马蹄声、窗户的碰撞声）。他们的下一个任务是向老师询问马夫的行为，试图确定他是否背叛了强盗，如果是的话，他的动机是什么。此时，他们开始想象，诗中描述的事件发生后一个星期左右，指挥官派了两名调查人员回到客栈，了解贝丝遭遇了什么事。此时，老师介绍了一些背景信息：强盗们在被追捕时经常把客栈作为避难所；他们经常贿赂旅馆老板，让其对自己的存在保持缄默；有一些富人和知名人士在债务缠身时会成为劫匪；劫匪经常蒙面，因此无法被认出来。在四五个人组成的几个小组中，学生们需要制订自己的调查计划，从而了解贝丝事件的真相。虽然表面上这是一个寻找事实的练习，但潜在的主题涉及父亲的动机、父母的责任、不忠和内疚。

基于《三只小猪》的故事进行改编的戏剧课程正在另一处开展。其中，狼认为自己无辜，并宣称撞倒房屋是一个意外的悲剧。与会者轮流担任为狼辩护的律师和在猪群中散布恶意的流言蜚语、试图抹黑狼的人。在其中一个戏剧活动中，几个小组准备了一个新闻，试图重建狼在社区中的形象。

这两个课程是高度缩减后的版本，其完整版本可以在弗莱明（Fleming）和泰勒的戏剧书籍中阅读。以上的描述并没有说明这个课程是面向什么人的。事实上，根据泰勒的说法，第 2 节课是"面向小学、中学和高中学生一起授课的"。《劫匪》的戏剧课程最初是在 5 年级（10 岁）进行的，但它也可以运用于年轻或年长的学生。我曾经在课程中将其作为一个项目和老师们实践过，以便他们将其改编成自己的课程。在这个过程中，我发现老师们自己从这个作品中获得了不同的价值。

这两场戏剧课程引出了有关戏剧发展的问题。重要的不是这些课程可以轻易地用于不同的年龄组（从小学到高等教育），而是相关的潜在含义：不同的群体可能会有极其不同的戏剧体验。如果正如上一章所说，无论授课班级的学生之前在这一学科上有什么样的经历，戏剧教师都可以带来高质量的课程，我们如何理解"戏剧教学大纲或教学计划应该根据一些基本的原则性进程"来安排的概念？这个问题显然与评估问题密切相关，但其涉及范围更加广泛：在一个连贯的课程中，关注进程同样重要，它可以使学生获得成就感和方向。

我们不必对同样的内容可以适用于不同的对象这件事感到惊讶。毕竟，《仲夏夜之梦》在小学和大学的课程中都可能出现，虽然上述列举的材料通常会和低年级联系起来，但这个内容其实能吸引到的年龄段还是很广泛的。具有讽刺意味的西塞斯卡（Sciezska）版《三只小猪》则似乎更受较年长群体的喜爱。《劫匪》因为其强烈的文学性特征，非常受小学教师欢迎，尽管这首诗的内容其实比较成人化。

如前文所述，更令人惊讶的不是内容可以被不同年龄层广泛使用，而是在戏剧中"已有知识""技能""理解能力"与课程成功的相关性是最小的。在传统戏剧教育的许多经验中，学习（以及教学）本质上似乎不是累积性的。在过程戏剧中，参与者往往倾向于从一种经验转移向另一种经验，但是也并没有必要将新的内容建立在先前的经验上。尽管目前的教育对连续性和进展性的问题似乎有些过于着迷，但我们没有必要急于抨击这一事实。毕竟，我们在日常生活中并不追求为自己的艺术体验建立结构，就好像我们没有作为参与者去观看一部奇迹剧，就不能看《哈姆雷特》的演出一样。可以说戏剧的事实都在教学中，如果说"过程戏剧"在没有人为强加框架的情况下可以获得成功，为什么要屈服于当前所谓的教育潮流呢？过分强调外部形式而忽略参与者的体验是否存在危险？为了更加清楚地研究这些问题，我们要区别"发展"的两种用途。

发　展

近些年，虽然对于"发展"内容的讨论更为鲜明，但我们不得不承认，早期戏剧教育工作者已经开始对"发展"有了一定程度的认知。斯莱德总是被称为"反剧院表演者"，他认为在观众面前表演是戏剧中一个自然发展过程的最后阶段。他的观点主要基于他自己对儿童的观察，他注意到孩子们在游戏过程中倾向于把身体塑造成特定的形态，这反映了他们对于特定戏剧形式的自然倾向。他把几个阶段依次描述为：封闭圈，集合圈，运动圈，并且最终来到台口。

博尔顿指出了斯莱德关于心理和戏剧表达的内容：

> 因此，斯莱德对儿童行为的心理学或社会学的任何观察，最终都会用艺术的术语表达出来。譬如，他用"节奏和高潮"的发展来描述幼儿敲击东西所获得的满足感。因此，"敲击声的满足"这一心理现象变得有潜在的审美意味。[1]

考特尼（Courtney）在20世纪60年代的作品中确定了戏剧教育的阶段，其中戏剧（在传统意义上被视为在观众面前表演）更适合年龄较大的学生。这些阶段非常明了：小学（5—11岁）戏剧游戏；中学（11—18岁）

---

[1]　Bolton, G. (1998) *Acting in Classroom Drama*. Stoke-on-Trent: Trentham Books.

戏剧游戏与"戏剧"混合；大学（18岁以上）戏剧作品。根据记录，斯莱德受到卢梭（Rousseau）的自然教育观的极大影响。他主张尽量减少教师的干预，让学生按照自己的进度学习。我们可以将他和考特尼关于发展的表达看作描述性的观点（说明学生是如何在戏剧中发展的）。

对发展的描述部分源于"戏剧"与"游戏"的密切关联。对斯莱德而言，这些术语在很大程度上是同义词，因为他把幼儿游戏视作一种艺术形式的戏剧性演绎。后来，随着"戏剧教育"的发展，"游戏"却成了个贬义词，那些没有以适宜的深度和严肃性参与戏剧的学生只是"沉溺于毫无意义的游戏"。戴维斯和劳伦斯（Lawrence）所提出的"扮演游戏"曾被称为"戏剧教育的基本模式和基石"也被逐渐舍弃，原因是它"过于强调直接体验"。这种排斥"扮演游戏"的运动在20世纪90年代仍持续不断，其支持者们对儿童游戏的心理学理论关注较少，更多地关注剧作者，以及他们作品的文学上的戏剧基础。关键的变化可以概括为从"个人层面"到"文化层面"戏剧的正当性问题，换言之，更加强调"文化"而不是"自然"。

对"发展"的描述性表述开始认识到儿童的戏剧性游戏的重要性，更多地强调自发性和自然发展，而不是有意识的意义建构。发展很可能是根据成熟程度而不是外部干预带来的成长来进行判断的。与心理学中的发展理论相似，它们都试图确定儿童自然发展所要经历的阶段。这对教学的影响很大，因为依照这种观点，如果在孩子们准备好之前提前安排后期的任务，就很可能会失败。例如，仍处于具体模仿阶段的儿童无法应付更多对概念思维的要求。虽然像唐纳森（Donaldson）这样的研究人员已经证明了规定情境在其中的重要性，但基本的发展原则仍然是相同的。

现代一些关于戏剧发展的说法更具有目的性。这些课程力求具体说明学生应按顺序被教授的知识和技能，而不是试图描述自然发展阶段。这里使用的"目的性"一词并不是为了暗示"坚持权威"，而是为了与"发展"相关的说明形成鲜明对比。与本书中讨论的许多其他概念一样，"发展"

的两种用法之间往往会重叠。戏剧的发展理论认为，让学生们完全依靠自己进行小组创作，并不能保证他们能自己经历所有适宜的阶段；斯莱德认为老师是一位善意温和的向导，应避免"烦琐、不必要的建议"。关于发展的指令性解释也需要有描述性的元素；所有这些框架都需要受到某种概念的约束，即在特定的年龄下，什么是有可能达成的。如果我们类比阅读的教学，这一点就很明显了：如果没有一个现实的描述性元素来规定阅读课的进程，那么甚至没有什么可以阻止老师在学前班的课堂上讲授陀思妥耶夫斯基的作品。

最近有两本出版物描述了"发展"的框架。我们在前两章都提到了这两部作品，因为对发展的描述对评估具有重要意义。肯普和阿什韦尔（Kempe and Ashwell，2000：36）提供了一个"发展图表"的例子，它在"策划和监督"学生在某个工作计划中的戏剧工作时被用作教师使用手册。三个领域（创造、表演、反馈）内的十二条分支提供了一种手段来检查学生是否有"广泛而适用的经验"。与每一支相关的八个级别（加上出色表现）为评估戏剧某一方面的情况提供了方法。因此，其中一个创造环节，"具有创造性地和他人良好合作"，这一进展从一级（和他人一起规划一个富有想象力的游戏）到八级（在小组创作过程中通过提供方案来解决问题，来显示对小组已有技能的认识）。《国家课程大纲》（*The National Curriculum*）、《国家扫盲战略》（*National Literacy Strategy*）、《普通中学教育证书教学大纲》（GCSE）和英国教育标准（OFSTED），都为学校提供了合适的框架。

尼兰德斯通过关键阶段3与"创造/表演"和"反馈"方面相关的七个等级描述了戏剧中的进展问题。在创造/表演类别中，学生从"在叙述序列中提出下一步行动"（第一级）转变为"引导和执行一系列行动以创建一段持续的戏剧表达"（第七级）。还介绍了戏剧创作中角色的发展和进展情况。该内容总结出的一个特点是，学生从关键阶段3到关键阶段4的八个方面的转变，代表了学生越来越不依附于老师。其中有一个进展是从"以老师为班级工作中心，让低年级学生进行直接的现实主义戏剧制作"，到"让学生自己和他们的小组承担更多的责任，教师只在一旁进行指导、管理、监督和评估小组的工作"。这也反映了作者所说的"审美进步"与从自然主义到后自然主义的戏剧运动。

主张在戏剧的不同方面提高学生的独立性是对传统戏剧教育和过程戏剧的一种挑战，在这些理论中，教师在为戏剧提供框架，结合学生的思维，创造合适的情感环境中担任着至关重要的角色。在持续的发展过程中，教师的角色往往被弱化了，因为人们认为这种"持续的进展"是自然发生的。另一个更偏向描述性的问题则关乎戏剧教学的性质。虽然戏剧中的"学习"概念已经得到了大量的分析和讨论，但"教学"的概念则不然，我们在此处将其与"创作"的概念一起讨论。

创　作

戏剧中的许多讨论集中在"通过学习"（获取与戏剧相关的知识和技能）和"通过某些途径学习"（与内容或主题相关的知识和理解）之间的区别上。许多理论专家现在承认基于一种或另一种学习概念的方法太有限了。鲍威尔和希普（Heap）所表达的观点（他们致力于研究过程戏剧以及内容的重要性）可以说是非常典型的。

在评估学生对类似环保问题、物种演变或者对澳大利亚淘金热的理解上的进展，或者作为团队成员解决问题的能力时，只关注内容或者个人以及社会的发展是可取的，但这不能用于老师了解他的学生在戏剧技能上的进步。[①]

"通过什么学习"和"在什么中学习"之间的二分法可能与"戏剧教学"的含义有关。正如博尔顿在1979年指出的那样，根据他在戏剧教育发展之前的经历，大家并不习惯去讨论"戏剧教学"。

当我还是一名年轻的老师时，同事们偶尔可能会出于兴趣，问我在戏剧课中和某一个班级的孩子都做了什么，但没有人会真正问我教

---

① Bowell, P. and Heap, B. S. (2001) *Planning Process Drama*. London: David Fulton Publishers.

> 他们的是什么 …… 学习和教学在其他学科中很正常，但在戏剧课中，人们思考和谈论的只是一个人在做什么。[①]

—— 博尔顿

博尔顿试图通过关注内容来赋予"戏剧教育"以意义。在他的第二本书中，他认为戏剧是发展"通过运用基本的精神力量达成共识"的有效途径，教师的核心角色是寻找"打破学生的看法和观念的机会"。进行"戏剧教育"就是要寻找提高学生理解力的方法。出于多种原因，"戏剧教育"在戏剧能力发展方面可能意味着什么，却很少受到理论家的关注。戏剧被视为一种"自然"行为。其在教育方面的优势之一是，参与者可以在没有任何表演或其他戏剧技能培训的情况下创作戏剧。这意味着教育戏剧的倡导者可以自由地专注于内容。"戏剧教育"在人们的心中与训练、教授和没有目的的练习等狭隘观念相关联。教授戏剧技巧通常被与缺乏权威性联系起来，而教育戏剧已经背离了这一传统。

发展的教育理论倾向于将"教学"与"讲授"或简单的传达联系起来。反对传统权威观点论调的一个方面是淡化"教学"的概念，而倾向于像"促进者"或"学习背景的创造者"这样的说法。有一些概念哲学家反对儿童中心的极端形式，并通过看似中立的分析提出了批评。教学通常被定义为"引导学生进行学习的意图"。一些激进人士的口号是"我们教孩子而不是学科"，而这受到了以下观点的挑战：作为动词的"教学"必须有两个形容词，将 A（学科）教给 B（人）。对激进观点的挑战也出现在斯金纳（Skinner）的引文中，该引文出现在《普劳登视角》（*Perspectives on Plowden*）的扉页：

[①] Bolton, G. (1999) "Review of Beginning Drama 11–14 by Neelands, J.", *Drama: The Journal of National Drama* 7(1), 41.

　　　　缺乏经验的学校根本不是学校，不是因为没有人学习，而是因为没有人教学。教学是学习的一场探险；受教育的人比未受教育的人学得更快。[①]

　　对"发展"的描述性和规范性叙述的区别中包含一个问题，戏剧课在多大程度上是一种不需要教学的自然活动，更像是学习说话还是学习写作？这与语言教学的共同点十分具有启发性。根据平克（Pinker）的说法，表达是一种本能，写作则不是。平克指出，正如这个短语所表达的，"语言应用"的观点认为语言是通过在适当的情境中有意义地使用而发展的。但这是语言发展的必要条件，而不是充分条件，特别是在阅读和写作方面。幼儿只要在社会环境中长大，就能学会说话；实际上，只要他们暴露在语言环境中，想要阻止孩子们学习说话几乎是不可能的。然而，当相同的原则应用于语言使用的其他方面时则可能出现一些无益的极端情况。学生不能通过接触纸张和铅笔就学会写作，他们需要比这更具体的指导（教学、反馈等）。学生需要得到相比极端的"语言应用"拥护者们倡导的教学方法更多的直接教学，尽管创造适当的、有意义的情境这一原则仍然十分重要。

　　语言和戏剧在某种程度上都是"自然活动"。对戏剧来说，这反映在对发展的描述性叙述上，即教师的职责包括提供情境、激发学生、设置和协助完成有趣的任务、提出建议、吸引学生的兴趣以及带领大家参与其中。但就戏剧和语言二者而言，这会导致对需要教授内容的低估（即指导、演示、解释等）。

　　让我们回到本章开头给出的课程示例，从目前的教学讨论方面再次分析一下其中的活动。在《劫匪》的课程中，学生们被要求对客栈发生的事

---

①　Peters, R. S. (ed.) (1969) *Perspectives on Plowden*. London: Routledge.

件进行调查，对项目的实际描述表明了具体教学的方法。根据要求，由老师带领一名学生首先演示可能涉及的内容。其中一名学生饰演被调查员询问的房东。这样做的目的是帮助学生自己创造情境。敲门声传来时，房东在做什么？他是直接欢迎调查员进来，还是起初不情愿？这些问题可以引导学生在开始对白前建立框架 —— 房东的行为是否与他的性格或心态有关？通过思考房东对调查员的反应，学生们将学会如何在一开始就将紧张的氛围和人物关系带入场景。

然后，学生需要思考和分享可能询问房东的问题。这部分准备工作当然与内容有关，但同时学生们也在学习如何建立对话以及采取合适的表达。

△我知道你还在为女儿的死而感到悲痛，但你介意回答一些我们的问题吗？

△士兵们到达客栈时心情如何？

△你能告诉我他们的确切位置吗？

△你是否听见了他们的谈话？

△你说当他们到达时你待在楼上的房间里 —— 你听到什么异样的动静了吗？

△我们能去发现贝丝尸体的房间吗？

△你说贝丝花了很多时间和劫匪说话 —— 能更具体一点吗？

△或者……你说你在他们之前离开了旅馆，回来后发现贝丝死了。你那样丢下她不担心吗？

学生们被告知，如果房东隐瞒信息，或者出于某些原因自己也不知道，他们会更有兴趣，并且更加紧张。这同样适用于在调查过程中可能会被访问的其他人物：那天晚上在客栈里喝酒的人、马夫以及一名士兵。这些不仅涉及问答，而且可能涉及各种各样的行动，例如，调查员可以被带到和案件紧密相关的各个房间，他们也可以搜查旅馆。学生在这个环节能够了解到，具体信息和意义不仅可以通过语言进行传达，也可以通过行动传递。老师还要求学生们尝试构建每一场的开场和结束，并考虑他们可能使用的道具（例如在质询中做笔记）。所有这些教学都需要在学生被分成小组进行"创作"任务之前进行。进步较大的班级需要的这类支持会更少。

在《三只小猪》课程的某一部分中，参与者需要完成"媒体访问"的任务。需要自行组成小组，讨论并重新制作一台电视节目以重新塑造狼（亚历克斯）的公众形象。

当小组找出亚历克斯好的一面，例如他的慷慨，他的英雄主义和人性时，老师观察到学生们正在推翻对狼的刻板印象。他们要改变传统的理解方式，然后决定如何在戏剧艺术形式中传达他们的团队的想法。[①]

—— 泰勒

这是小组学习的重点，这能够暴露或者说确认小组在处理模拟采访相关问题时的经验。同时，在这一过程中了解到一些小组需要被教授如何完成这一任务也是很重要的。过程戏剧往往重视重要的内容和意义，这是应当的，因为不这样做整个体验就会变得空洞。但是，将这方面的工作与有效利用采访的能力结合起来也很关键。

重要的是，在两个戏剧项目中都要求小组（以小组创作的模式）在必要的直接指导下制作一段戏剧。在教师扮演角色的情况下，学生能够更自然、自发地参与到活动中，例如即兴的全组讨论和作为角色"生活"的经

---

① Taylor, P. (2000) *The Drama Classroom: Action, Reflection, Transformation*. London: Routledge/Falmer.

历。他们还能在教师提供极少解释的情况下，参与到询问角色和构建静态画面等活动中。小组创作的过程需要许多技巧来建构戏剧，在这一点上，自然的参与让位于对媒介的更有意识的控制。

戏剧教育理论家的一个重要见解是，儿童不可能自己创作任何有深度的戏剧（"深度"的意义将在第6章探讨）。但这种观点来源于一种含蓄的戏剧观，即发展的戏剧观，在这种观点中，教师开发了学生的自然游戏倾向。可以说，戏剧教学的最终目标之一应该是学生能够自己创作有深度的戏剧。这看起来是对教育实践中核心信念之一的背叛。然而，需要关注的问题是，是否存在任何合乎逻辑的理由，来说明学生已经在该科目下取得较高程度的发展的情况下，为什么教师提供的经验与学生在该学科中应该取得的经验在定性层面有所不同。回答这个问题，需要对"感受"进行更详细的讨论，请见第6章。

"创作"的概念通常被当作一个总括性术语，其中包括集体创作在内的戏剧中各种类型的工作。然而，博尔顿使用这个术语来指代一种"特殊的表演行为类别"，其中参与者可以"在没有事先准备为他人表演的情况下自由地探索"。他在这一类别中包括了儿童的"扮演游戏""过程戏剧""焦点人物访谈"等表演行为。

"创作"这个概念的定义已经从早期戏剧教育中演变出来："D类型"或"理解戏剧"。博尔顿认为，在任何阶段，戏剧课程都不应该只包括一种类型的活动。但很明显，以这种方式进行的学习被视为"以戏剧经验进行创作"，并被视为中心。到1998年，"体验"戏剧的概念虽然依旧占据重要地位，却没有被强调。

它代表了一个非常重要的教育以及戏剧工具。如同最近的一些出版物所做的那样，忽视"生活经历"剥夺了学生理解戏剧艺术的基础。仅仅倡导"即兴创作"是不够的，因为很多即兴创作是以表演为导向的。一位理想的教师应该发挥"呈现"（包括"表演"）和"创作"的优势。①

这种"创作"的概念与其他形式的戏剧活动，在与发展关联起来时是最容易理解的。因为它起源于儿童剧，所以很有可能对小学戏剧课产生很大的影响。事实上，很难想象一个成功的小学戏剧课程没有"体验戏剧"的一些元素，否则要么就是放任学生自己去做戏剧游戏，要么就是过度引导学生，使他们没有任何参与感。最有效的小学戏剧实践中包含"体验戏剧"的内容，这绝非巧合。这并不是要提出一个简单的从"体验"到"集体创造"的发展模式。对于年龄较大的学生，"体验"会带来更大的风险，但成功体验带来的自然流露和充分参与可以为一个成功的课程或教学规划奠定基础，最终以面向外界观众的表演或文本结束。它提供了一种平衡结构和经验的方法。在多大程度上，"体验"可以被看作一种戏剧教学的形式。在一个简单的层面上，它为学生提供了怎么适应和维持角色的范例。更重要的是，在最好的情况下，它提供了一种紧张感以及加强的感受，这是优秀戏剧作品的典型特点。

---

① Bolton, G. (1998) *Acting in Classroom Drama*. Stoke-on-Trent: Trentham Books.

反　馈

对戏剧的反馈通常是根据较小范围内的戏剧模式来构想的。尼兰德斯有效区分了"文学的和个人的戏剧审美传统"与"口头传播的和共同的审美传统"。前者更符合流行的戏剧概念，涉及由专业或业余演员对付费观众表演戏剧：

在这种戏剧模式中有一个假设，即我们大多数人会看到，而不是参与这种戏剧。演戏，创作戏剧被视为只有少数人能做到的事情。还有一种假设是，这家剧院的观众将保持沉默并关注演员的表演 —— 观众的反应是个人的，而不是像在其他艺术形式中那样是公开分享的。[1]

根据尼兰德斯的"口头传播的和共同的"观点，该团体的每个成员都是"潜在的创作者 —— 潜在的艺术家"。戏剧是在团体成员之间达成共同协议的基础上形成的，他们聚集在一起创作对他们来说很重要的东西：一些象征他们生命的东西。校园戏剧也有社会群体模式的特点。

学校是一个群体，戏剧是其中的一种生动实践。年轻人所创作的

---

[1]　Neelands, J. (1998) *Beginning Drama 11–14*. London: David Fulton Publishers.

戏剧往往是基于学校社群或某一个教学团体的共同诉求和愿望。①

这两种传统之间的区别对"创作"戏剧有影响，对戏剧的反馈方式也有影响。与传统观念相比，从历史和文化角度出发，为看待戏剧提供了更加广阔的视角。班纳特（Bennett）指出了观演关系在不同历史时期、不同文化背景下的变化，并指出"传统的关于戏剧和戏剧观众的观念往往依赖于主流的商业模式"②。消极的精英观众在晚些时候才逐渐出现，一定程度上受到了剧院环境设计的影响：

> 1850年后，由于井座被包厢所取代，剧院设计确保了观众能安静观演，最早在17世纪安装在私人剧院里的脚光已经成为一道分隔观众和舞台的屏障。③

班纳特也指出，中世纪和16世纪的希腊观众其实比我们设想的传统模式更加活跃。非传统戏剧"再造了一种灵活的观演关系，以及充满参与感的观众 / 演员"④。

关于舞台与观众之间的关系，不仅有历史的视角，也有来自符号学和读者反应理论的理论见解的影响。这反过来可以阐明戏剧课堂上的实践方法。与语言相关的结构主义思维（从中衍生出符号学）的价值在于，不再把"意义"看作是个人的东西或发源于个人经验。相反，它强调其为公共情境中不同要素之间的关系，是一个共享的意义系统。

---

① Neelands, J. (1998) *Beginning Drama 11–14*. London: David Fulton Publishers.
② Bennett, S. (1997) *Theatre Audiences – A Theory of Production and Reception*. London: Routledge.
③ Bennett, S. (1997) *Theatre Audiences – A Theory of Production and Reception*. London: Routledge.
④ Bennett, S. (1997) *Theatre Audiences – A Theory of Production and Reception*. London: Routledge.

简单来说，他认为任何特定情境下，每个要素本身都不具有意义，它与情境中的其他元素之间的关系决定它的意义。总之，任何事物或经验感受只有成为整体结构的一部分时，其意义才能被完全感知。①

简单地说，它与戏剧的关系在于，意义不仅是语言的功能，而且与复杂而相互关联的标志结构有关（20世纪70年代和80年代的许多戏剧课程强调语言而忽视了其他元素）。然而，结构主义思想的局限性也得到了翔实的记录。它试图完全用确定的结构来解释语言，这导致了过度的形式主义。批评者还认为其二元对立的狭隘焦点具有还原论的倾向。许多评论家对其坚持的"意义是封闭和机械的"这一观点持怀疑态度。德里达（Derrida）驳斥道，结构主义未能解释"创造性开放"这种语言的基本特征。结构主义思想与早期维特根斯坦哲学之间存在相似之处，哲学中试图用语言的逻辑结构来解释意义。然而，他的"意义图像理论"进一步强调了语言结构与世间万物之间的对应关系。这个问题将在第8章详细讨论。

结构主义作为一种思想体系，既有拥护者，也有批评者。根据诺里斯（Norris，1982：51）的说法，它宣称自己的思想"屈服于秩序和稳定的吸引力"②。引用德里达的话，它的成就在本质上局限于反映"完成的、构成的、建构的"事，而超越了所有结构限制的"力量"③。人类的表达将符号从"死板的不变传统"中解救出来。结构主义思想"系统地从审美理论中减少人的维度"④。对结构和形式的过度关注中和了内容和感受，就像"荒无人

---

① Hawkes, T. (1991) *Structuralism and Semiotics*. London: Routledge. (First published in 1977 by Methuen.)

② Norris, C. (1982) *Deconstruction Theory and Practice*. London: Methuen. (Revised edition published in 1991 by Routledge.)

③ Derrida, J. (1978) *Writing and Difference*. Chicago: University of Chicago Press.

④ Sim, S. (1992) 'Structuralism and poststructuralism', in Hanfling, O. (ed.) *Philosophical Aesthetics*. Oxford: Blackwell.

烟或无人居住的城市建筑，由于某种自然或艺术的灾难变得只剩骨架"①。

这些批评者们或直白或隐晦地将自己归为反对派，这一点呼应了第2章关于结构和体验的讨论。一方面，我们有"框架、结构、封闭、确定性、形式主义、机制"，与"开放性、创造性、力量、动态"等概念形成鲜明对比。后结构主义思想家所认为的结构主义的局限性可以为与戏剧反馈相关的戏剧实践提供借鉴，因为它提醒着我们，需要用"动态力量"来应对局限于"死亡的传统"所带来的危险。

许多作者试图系统地描述"解读"一场表演时应该考虑的因素，这些因素也对戏剧教育方面的研究者产生了影响。科赞（Kowzan）提出了12个系统：文字、文本传达、面部表情、手势、动作、化妆、发型、服装、道具、布景灯光、音乐和音效。埃斯林（Esslin）在《戏剧领域》（*The Field of Drama*）中对此进行了补充，强调了框架和预备指标（演出前获得的信息）等被遗漏的重要因素。他还指出，"所有这些，如同所有系统化这些复杂现象的尝试一样，必须具有高度的试探性，特别是在这个领域，不同系统之间的重叠和相互合并不断使问题复杂化"②。

埃拉姆（Elam）在广义上分出了以下类别：身体的（手势、运动、表达）、空间的（使用空间）、服装的（使用服装）、化妆的（化妆）、绘画的（场景）、音乐的、建筑的（舞台和剧场）。他还明确了其总体目标。他认为，我们直观地意识到"某些强有力的戏剧和戏剧惯例支配着戏剧和表演的结构和理解"。然而，他指出"制定精确的规则与解释这些框架完全是两回事"。他给出了能够从喜剧当中区分出悲剧的例子，以及如何"解读"一些风格化的舞台行动和哑剧。他认为，"对决定文本编码或解码的规则范围的精确制定，则完全是另外一码事"：

---

① Derrida, J. (1978) *Writing and Difference*. Chicago: University of Chicago Press.
② Esslin, M. (1987) *The Field of Drama*. London: Methuen.

符号学的工作就是把这些规则解释清楚，并由此形成一个模型，我们可以以此指出有经验的演员和观众所展现的戏剧和舞台竞争力。[①]

其他有着类似探索的研究者，包括乌内斯菲尔德（Ubersfeld）对戏剧文本的讨论，迪努（Dinu）对人物形象的探索，希拉德（Girard）、奥尔莱特（Ouellet）和里戈尔（Rigault）的作品都被班纳特所引用。乌里安（Urian）利用多种已出版的架构，针对戏剧教师设计的戏剧教学，提供了一个全面的观众指南。他的目的是提供"观众参与框架"，旨在"让那些不确定因素如何与学生一起看戏的老师充满信心"。尼兰德斯和多布森（Dobson）提供了一份表演分析调查问卷，供17—18岁的学生使用。

这种出版物特别有用，尤其是乌里安和尼兰德斯以及多布森提供的方案，因为它们主要针对教师和高年级学生。它们有助于提醒人们构成戏剧符号系统的诸多因素。因为它们是系统的且客观的，所以在编写进阶性方案时也同样有帮助。然而，之前关于结构主义局限性的讨论已经表明，如果不谨慎使用这些方案可能会产生一些后果。反馈可以简化为一个系统的、没有"力量"或动态的机械过程。草率地强调认知性和分析性的反应，而不重视"直觉"的地位和重要性，是非常危险的。这些方案并不总是可以区分出哪些是不太重要的因素（例如该怎么为作品做宣传）和哪些对于戏剧教学是关键的。学生可能花费过多的时间专注于错误的问题，或以一种与现实不符的方式来反馈。帮助学生对表演做出反馈并不只是为他们提供一个框架这样简单的事。

"反馈"很容易被简化成一个打了折扣的、由戏剧符号学家的观点衍生出来的问题清单。在作品中全情投入且被捕捉到的"反应"，可能让位于对于灯光和表演风格进行拆解观察，从而得到的枯燥乏味、没有"活力"

---

① Elam, K. (1988) *The Semiotics of Theatre and Drama*. London: Routledge.

的清单。相似的是，英国实行了扫盲战略，使学校的语言学习发展出了前所未有的体系结构。这种框架既不能保证但也不一定会妨碍良好的教学效果，但如果"表达"的关键内容让位于具有吸引力的"秩序与稳定"，则会存在潜在的危险。关于潜藏在扫盲战略表面之下的有关语言和意义的哲学误解，将在第8章详细说明。

斯戴斯（States）在对戏剧的表述中批评了一种单纯依赖符号学的方法，因为它会带来丧失基本活力的风险，而这种活力却是完整描述意义的时候必须包含的：

> 符号学的令人不安之处不是狭隘，而是所包含的隐晦假设：当你解释清楚一件事物如何以"符号"的方式运作时，你就已经失去了它的有趣之处。[1]

他的观点并不是说符号学没有价值，而是说这只是一种观察方式。这说明了人们如何体验和经历符号系统，同时，艺术也对其产生了影响。根据斯戴斯的说法，戏剧是艺术家和文化、观众之间的调节过程："戏剧是一条公路，载满'意义'的货车经过符号语言的艺术化提炼后回到社会。"斯戴斯对他所描述的"戏剧语言学方法"的批评部分基于对意义的指称观点。如果我们认为，语言不是仅仅凭借其指称的对象或它的决定性结构来产生意义，那么我们就会得出与斯戴斯类似的结论。如果我们承认语言是我们与现实世界的媒介，那么就更能理解为什么说戏剧与语言是相似的。

这些想法可能带来一种结果，即戏剧中的意义不仅仅是一个"客观的"功能，或一个"外部的"符号系统的形式。如果我们把这与戏剧教学联系起来，仅仅让学生能够谈论戏剧场景、表演和灯光是不够的，除非这

---

[1] States, B. (1985) *Great Reckonings in Little Rooms: On the Phenomenology of Theater.* California: University of California Press.

是来自他们对戏剧的意义的亲身体验，或是他们真心对这些东西着迷。无论是在课堂还是剧场中，学生对戏剧的直觉，通常是原始和即时的。为了得到来源于符号学的更系统的解释，这种直觉应该被进一步扩展，而非被忽视。这表明，起点应该是这项工作本身，而不是预先设计的分析框架和特征清单。

从传统的实践角度来看，"反馈"通常主要被看作分析/认知的过程，并且这种看法已经影响了许多已发表的规划。参与者被看作潜在的戏剧评论家，传播着评估性的意见，评论作品中的意义产生以及传递的方式。擅长戏剧创作的学生往往很难做出这种反应，因为他们被要求少依赖创造性、艺术性的直觉，多依赖自觉的分析技能。过去的戏剧刊物并没有像现在这样过多地提到"反馈"，但这并不表示"反馈"不潜藏在教学过程中。角色提问（特别是演员表演后的提问）、论坛剧、研究教师在角色中的作用都可以被看作"反馈"的形式。如果戏剧集体创作需要通过组合符号来获取意义，那么"体验"戏剧则需要随着戏剧生活的展开，关注并"反馈"符号。

在第4章有人认为，两个指标可能比大部分戏剧领域研究者认同的"三个指标"的标准要合适。虽然本章指出，在实践中，"创作"和"反馈"很可能在很大程度上得到整合，但这些概念其实是非常分散的，这在策划和评估戏剧课堂时要特别注意。这里使用的"创作"一词包含两个方面："体验"和"集体创造"。戏剧教育理论和实践的核心原则是，自发地"体验"即兴创作比其他形式的"创造"能带来更高的"激发水平"。因此，还需进一步讨论戏剧中关于"感受"的概念。

第 6 章

剧本应用：感受与形式

语言与写作

感受与形式

使用剧本的方法

一位老师要求全班同学三人成组进行即兴表演。他们要创造一个情境，其中包括一个紧张时刻。开始只有 A 和 B，当 C 出现时制造了紧张气氛。例如，亚当正在酒吧里和贝克聊天；亚当的伙伴凯西进入了，紧张感于是产生了。小组仅进行短时间准备，然后向全班展示他们的作品。

这个例子来自哈罗和雷诺兹（Hahlo and Reynolds，2000：21），毫无疑问，这是戏剧工作坊中可能开展的活动。然而，作者却指出这是一个"有缺陷的练习"。因为据他们所说，这个练习"太模糊不清"，而且参与者"很可能落入可预测的模式和困境中"。许多小组的情况都会是这样，但经过上一章节的讨论，我们会有这样的看法：练习的质量应该根据它服务的特定群体的体验来被评价。一个非常有经验的小组或许能够避免作者识别出的陷阱。确实，职业演员和学校学生都会陷入这样的陷阱，但专业演员接受的是表演训练而不是戏剧创作的训练。

没有经验的参与者会犯的基本错误是过度使用台词，造成"泛泛、隐晦和模糊"的后果。过于繁复地讲述故事会使任何制造紧张的尝试都会被无关紧要的信息掩盖：

人们倾向于将练习设计在现实主义的环境中，例如办公室。参与者可能会用很多对话建立办公室生活，即那种他们认为真的会发生在办公桌间的谈话，其间也会加入一些要点来让观众了解信息，比如他们已经受够了，一直加班到多数人已经回家的时间。一段时间之后，场景下的事件出现，例如：亚当已经拿到了一些"借来"的文件，贝克也对这个感兴趣，因为它们和一个令人激动的未来项目有关。必须要有的紧张感来自第三个角色的登场，即老板凯西，她惊讶地发现他们工作到很晚，并怀疑他们在做什么。这引起了更多的对话，精心编造借口和敷衍的提问。[①]

这种保留意见中提到的大多数小组会采取的方式，许多戏剧老师都很熟悉了。对学生来说，基于叙述而不是情节的思维来思考是非常常见的。这部作品可能会漫无目的，因为它缺乏戏剧中公认的必要元素 —— 焦点。许多教师都同意这样一种说法，即试图模仿现实生活中的会导致"凝滞的调度或过度口头解释"。到目前为止，对这个练习的评论并不少。然而，作者提出的替代练习隐含地引发了一些有趣的问题，这些问题与学校戏剧课中即兴创作和剧本的优先级有关。这里只对替代练习做简要概括，完整的表述可以在出版著作中找到。

现在这些小组不再被要求即兴创作一个拓展了的场景，而只限于五句对白。他们可以设计并排练场景，这个场景包含三个人物之间最多五次交谈。本人给出的例子如下：

亚　当　这是新项目的文件。

贝　克　太棒了！你是怎么弄到它的？

亚　当　这个地方就像秘密警察局 ……

　　　　（凯西进来了）

凯　西　你俩工作到这么晚 ……

亚　当　凯西！我们正想着要去喝一杯。

在接下来的练习中，其中一个角色可以在对话中的任意时刻选择"讲述"或"旁白"，从而带来新的信息。例如，凯西可以告诉观众们新项目已经取消了。然后要求他们加入一些戏剧形式来提高整体效果，例如慢动

---

① Hahlo, R. and Reynolds, P. (2000)*Dramatic Events: How to Run a Successful Workshop.* London: Faber.

作，精心设计的肢体动作，重复的单词或短语。作者提供了一些可能的参考范例：

亚当和贝克从两侧以编排好的极其夸张的偷偷摸摸的动作登场。凯西登场的过程很长，她的脚步声一直回响并放慢以增强戏剧的紧张气氛。这些都增加了额外的戏剧性层次，使得情境向前发展。

从戏剧教学的语境来看，这里使用的技巧并不陌生；"增加情境限制"是一项已有的技术。设定有限的台词数量是一种编写剧本的方法，直接发表演说也是一种常见手段。戏剧教师一般恪守"多就是少"的箴言。这个例子有趣的是设计这类训练的方式。第一项练习不对参与者施加任何限制，是一种即兴创作。第二项练习将台词限制在五句之内，是一种结合剧本的创作形式。有些人可能会怀疑称此为"以剧本为基础"的说法是否恰当，当然这是我的说法而不是作者的。他们把它放在"即兴创作"的一章中，而非"文本创作"后续一章中。虽然它不是基于某个剧本中摘录的桥段，但练习使用的台词也是事先达成共识并写好的剧本，而不是现场即兴创作。

许多教育中的戏剧实践都隐含着"口头语言优先于文本语言，即兴创作优先于基础文本创作"。在《戏剧教学初探》（*Starting Drama Teaching*）中，我找出了出现这种情况的一些原因：

· 对创造性和自我表达的强调更多地把重点放在学生自己创作的自我表达，而不是结合他人写出的文本上；

· 剧作往往被作为文本在英语学科中学习，而不是在戏剧课堂上学习；

· 受到文学理论发展挑战的传统观点，认为阅读是一个被动的过程，而基于文本的创作只是根据作者的意图演出一个剧本；

· 有固定剧本的戏剧创作对阅读能力有限的学生来说比即兴创作更困难等也是影响因素。

我们还可以加上一条"戏剧老师认为他们的学生更擅长即兴表演,而他们一旦必须拿起剧本,信心和活力就消失了"。萨默斯(Somers,1994:80)对忽视剧本的看法如下:

随着戏剧教育实践的广泛应用,有剧本的戏剧无法在戏剧课程中找到一个合适的输出。这在一定程度上是由于缺乏合适的剧本,但主要还是因为戏剧运动认为应该抵制剧本的主导地位,并将鼓励学生创作作品看作成功的戏剧教学的核心。

所有这些因素都导致了对剧本的忽视,但实际缺少的是描述关于语言和意义的假设。重要的是,要认识到剧本不只是对白的记录,还包括场景、角色和身体姿势的指示。可能存在没有任何对白的剧本,也没有任何代替台词的舞台提示,如贝克特(Beckett)的《无言以对》(*Acts Without Words*)。可以说,对表达和写作的对立假设已经影响了人们对剧本的态度。

语言与写作

正如第5章所说，语言表面上是一种比写作更自然的表达形式。我们先会说话，再会写作。平克（Pinker，1994）提出语言是一种本能，似乎支持了这一观点。思想是通过语言来传达的，语言在写作之前就存在。在语言中，我们可以更容易地感知其背后的说话者的存在。它似乎比写作更真实。在语言方面，声音与感受之间有了更明显的联系；意义更容易产生，也更透明。

另外，写作总是需要一种额外的媒介来传达，这种媒介会抑制交流的即时性。因为脱离了源头，所以它处于一个更可能被误解的场域。没有即时性、存在感或声音可以保证其含义。写作似乎是一种"二手"的沟通方式，总和它的源头相异。基于这些假设，即兴戏剧优先于基于剧本的创作也就不足为奇了。

当然，演出剧本的重点是将书面上的文字转换成语言形式，从而"赋予"它们"生命"。然而，基于上述解释，自发的即兴创作能使人们立即获得真实的语言；那我们不禁要问，如果存在更加个人化地使用语言的方法，为什么还要将剧本转化成口语（毕竟它源于其他人那里）。一个明显的答案是基于戏剧作为文化经典的理由。剧作者致力于文本写作，以获得最佳的戏剧剧本。让我们暂时搁置这个论点，简单地将学生的即兴作品与他们自己（或其他人）的书面剧本进行比较。即兴创作优先于剧本的现有观点成为多数学校戏剧实践的潜在假设。

然而，这种"常识般"的关于语言的看法并不是没有受到挑战。写作很可能提供了一个更深层次洞察语言和意义的机会，而不是停留于语言的直觉思考。因为写作更明显地远离其产生时的意识，其意义的不确定性更加明显。我们使用的符号永远不会完全受我们的控制；"意义"是永不稳定的，语言绝不是透明的，绝非简单的"顺从的思想载体"。语言中显露的透明度其实是一种幻觉。维特根斯坦指出，语言在语言游戏和"生活形式"中具有意义，意义无法简单地"存在"。语言不是通过它本身以外的某些东西获得意义，而是依靠文化背景获得意义。德里达认为，语言的意思总是"延迟的"。语言总是"刻在中继物和有区别的轨迹的网络中"。

回到本章开头给出的戏剧练习的例子。很明显，"剧本"练习中出现了一些在即兴创作中不易获得的机会。由于剧本练习设置的限制，参与者使用的语言含义变得更加丰富。只从所说的话来看，含义并不完全明显；线索必须从语境和非语言因素中获取。台词受到更多的关注，是因为它总是"嵌入"的。由于对话非常简洁，参与者有更多机会来构建潜台词。越来越多人意识到语言缺乏透明度，参与者要么词不达意，要么言不由衷。

哈罗和雷诺兹描述了他们以此方式工作的经历，他们和一组学生合作，要排演三人共处一室的场景：

> 演员们相互行动，行动连续进行，同盟、背叛和伤害被一层层揭露了出来。语言被突出强调，观众们可以享受演员积极填满的词与词之间的表演。[1]

在自发的即兴创作中可以创造焦点和多层次的意义；过去20年中，关于教育戏剧的大部分文章都试图证明这一点。关键并不在于进行粗糙的比

---

[1] Hahlo, R. and Reynolds, P. (2000)*Dramatic Events: How to Run a Successful Workshop.* London: Faber.

较，赞扬一种方法而贬低另一种，而是在于指出剧本的"悖论"，即相较于表面上显得更"自然"的自发即兴表演，前者更贴近语言的"真实"使用的方式。

前一章已经表明，"体验"戏剧中自发的即兴表演是一个主要例子，具有即时性和自发性，能有效吸引学生（尤其是小学阶段或较低年龄段）。然而，自发的即兴创作实际比戏剧教学史所公认的要难维持得多。进行戏剧表演的儿童确实以一种看似自由且无意识的方式使用语言。然而，学生常会感到即兴戏剧极具挑战性；他们会很容易跳戏，而且有时不知道要说什么。他们可能会有意尝试持续表演，也很容易以无益的方式改变场景的焦点。可能会产生这样一种倾向，即想要把必要的信息详细地传达出来，并为每一个角色都建立人物背景历史。在自发的即兴创作中，期待出现微妙之处、细微差别、深度意义、暗示、双关，"踪迹"和意义的"线索"往往太奢侈，保持台词的交流就非常困难了。自发的即兴创作有时会让人感觉像是一个有点平淡的晚宴，而参与者正拼命尝试挽救它。

这并不是主张放弃有利于剧本的即兴创作，而是强调应该把剧本放在比很多戏剧教学常态中更突出的地位，特别是对于高年龄层的学生。即兴的一个特点是言语更自然。然而，语言应该被视为与文化而非天性相关。并且，参与戏剧活动的价值之一，就是提醒人们注意意义从语境中产生的方式，而非与说话者的思维和意图相关。第8章将讨论戏剧中的语言（无论以何种形式）在多大程度上不如日常对话的语言那么"自然"。

这一讨论从分析教育戏剧传统中结合剧本工作被忽视的各种原因开始。我们可以在这些原因中加入感受，正如诺曼的总结，对戏剧的一个重要元素的描述如下：

在戏里、戏外和评价戏剧时，体验戏剧中的"即兴"，感受高度的情感投入和动机。对我而言，这总是要涉及集体创作和一些教师扮演角色的内容。①

只有通过特定类型的练习，"感受参与"才能实现"高水平创造"，这一假设是很多教育戏剧理论和实践的核心。上一章在"创作"和"体验"两类戏剧的相关讨论时涉及了这个问题，我们还要更仔细地研究戏剧中的"感受"。

---

① Norman, J. (1999) 'Brain right drama', *Drama: The Journal of National Drama* 6(2), 8–13.

感受与形式

在关于戏剧教学的文章中，"感受"已经不那么突出了。某种程度上，这反映了教育研究更广泛的变化。在英格兰，人们主要关注的是目标、结果、框架和衡量标准。第1章提到，对效率和"手段"的执着改变了重点，在评估戏剧或描述学生在该科目中取得的进步时，很难考虑到感受。布罗德富特（Broadfoot，2000，214）指出这是一种教育中的"懈怠"。"能够使整个过程充满活力情绪的魔法和神秘力量，被纳入覆盖教学大纲或应对考试的必要性中。"[1] 除了受到流行的时代精神的影响之外，关于戏剧的文章对戏剧教育中的情感和感受的忽视可能还有其他原因。在20世纪50年代和60年代，斯莱德和魏因提出支持创造性和自我表达方面的观点而受到广泛批评。那些热衷于在戏剧中强调情感表达的作者会被指责为主观主义、二元主义或伤感的浪漫主义。

这是一种奇怪的情形。戏剧是一种艺术形式，大多数人对艺术的直觉是关于表达，也就是关于感受和情感的。为了理解为什么理论界反对情绪和感受，有必要简要地研究一下关于这些概念的思考在美学理论中是如何发展的。与许多研究者一样，我不会在下面的讨论中区分"感受"和"情绪"这两个词。

---

[1] Broadfoot, P. (2000) 'Assessment and intuition', in Atkinson, T. and Claxton, G. (eds.) *The Intuitive Practitioner*. Buckingham: Open University Press. Byron, K. (1987) 'Progression in Drama', 2D, 7, 53–80.

关于艺术中的自我表达，托尔斯泰（Tolstoy）表述最多。他认为：

> 为了激活自己曾经经历过的感受，通过动作、线条、色彩、声音或文字唤起自己的感受，从而向同样体验过这种感受的其他人传达同样的感受 —— 这就是艺术的活动。艺术是这样一种人类活动，一个人有意识地通过某些外在的符号，向他人传递他经历过的情感，这样他人也被这些感受所感染，并体会了这些感受。①

现在有一些众所周知的反对美学中自我表达的观点，其中有几个可供参考。这些理论的一个方面是假设艺术家在创作艺术作品时具有独特的情感。相反的观点是，我们从艺术家身上看到的是与此矛盾的。艺术家们可能只想着赚钱，或者只专注于技术层面的精准。正如伊顿（Eaton）所说，"很多艺术家尤其否认他们创作愉悦的作品时他们是高兴的"②。声称艺术家在创作过程中有独特的情感，似乎也与"我们对他们在特定时间的生活的了解不一致"。她接着引用了伦勃朗（Rembrandt）的非官方自画像，这幅自画像是在他的生活充满悲伤的时候画的，但实际上画的是自己的笑容。

该理论的另一个问题是艺术作品与观众或审美主体之间的关系，有时被称为"接受问题"。如果作品的目的是在观众心中唤起艺术家体验过的相同感受，那么它表明所有观看作品的人都会有相同的反应（这也不符合实际经验）。本书已经反复提及，在艺术的自我表达理论与语言和意义的观念之间存在有益的相似之处。霍斯珀斯（Hospers）将托尔斯泰的理论包含在"艺术作为情感交流"的标题下。自我表达理论认为艺术作品是"透明的"，因为"它作为一个窗口，观众通过它，带有同理心地回应艺术家

---

① Tolstoy, L. (1996, first published 1896) *What is Art*? Translated by Aylmer Maude. Indiana: Hackett Publishing.

② Eaton, M. (1988) *Basic Issues in Aesthetics*. California: Wadsworth.

的特殊感受"①。一种单纯的语言交流理论也同样假设语言是透明的，并认为它是说话人头脑中的思想和听者心中引发的思想之间的简单通道。相反，我们需要思考其在公共语境中使用的意义（语言的），以及艺术产品中产生的感受（艺术的）。

就伦勃朗自画像的例子而言，我们可以说它体现或表达了愉快，但不能说这位艺术家在创作或观看它时必然体会到了这种情绪，或审美主体在观看时必然体会到了这种情绪。它可能会让人们在看到它时恰好感到愉快，但这不是与作品相关的感受的核心美学解释。在戏剧中，情况变得更加复杂，因为艺术"呈现"由人类（演员或工作坊的参与者）组成，他们都带有自己的特殊感受。出于这个原因，有人认为，在戏剧中，参与者的实际感受是其质量的一个关键特征。

莱亚斯区分了在作品中的角色可能表达的内容和作品通过描写这些角色要表达的内容。

> 加缪（Camus）的《鼠疫》（*The plague*）中许多角色都表达了他们的观点，但此外，小说本身也表达了一种态度。伦勃朗精彩绝伦的《睡美人》（*Girl Sleeping*）展示了一个睡着的女孩，但画面本身表达了对睡者的柔情。②

在这种区分的基础上，有理由说某一特定的戏剧表达可能体现某种感受，但不能说参与者一定产生了某种特定感受。在本章开头的练习中，写好的台词交流可能会引起紧张感以及对立和嫉妒的情绪，但是，没有必要认为参与者实际上真的体验了这些感受。也可以说（基于莱亚斯的区分）

---

① Hospers, J. (ed.) (1969) *Introductory Readings in Aesthetics*. London: The Free Press Collier-Macmillan.

② Lyas, C. (1997) *Aesthetics*. London: UCL Press.

参与者（作为该片段的创作者）在某种意义上"表达了情感"，因为他们通过第9章中更深入讨论的形式体现了"情感"。

休斯（Hughes，1993）请人们注意托尔斯泰的艺术理论与斯坦尼斯拉夫斯基（Stanislavski）对表演艺术的分析之间的联系。托尔斯泰的《何为艺术》（*What is Art ?*）于1896年出版，八年后斯坦尼斯拉夫斯基创立了莫斯科艺术剧院。休斯所说的托尔斯泰式的表演理论表明，"演员的任务是通过自身激发情绪来唤起观众产生同样的情绪"。斯坦尼斯拉夫斯基的方法从使用"情感记忆"（演员通过寻找自己生活中的相似时刻来唤起感受）转变为"肢体行动"（演员通过身体动作找到感受的创作），但休斯认为，就像托尔斯泰一样，斯坦尼斯拉夫斯基依靠的是一种"过于简单化的演员和观众之间互动的模式，结果是他从不允许戏剧为自己代言"[①]。

从这个观点中，我们更容易看出感受和形式之间的关系。如果说学生在戏剧中"表达感受"，那么只可能是我们假设"产生感受"和"表达感受"之间存在某种时间上的区别，抑或是学生感受的方式以一种特殊的方式和戏剧联系起来，才会出现问题。第1章中的讨论用实例说明了形式与内容之间的动态关系。在所有情况下，与主题内容相关的意义出现在戏剧构建内部的社会背景中。创作过程强调了戏剧的制作，而不追求强调事先设定的重要意义。学习和理解通过表达来产生。同样，重要的感受是由作品引起的，并依附在形式而不是参与者身上。

戏剧教育的研究者已用不同的方式解释了与戏剧关联的情感和感受的重要性。在某个阶段，人们认为戏剧的参与者应该体验"真实的"感受；戏剧中的"深度"是评判一个作品好坏的标准，即兴创作的参与者"对相关情绪感同身受"的程度代表着一个作品的深度，博尔顿对此进行了解释。然而，人们也认识到，一个团体可能会在戏剧中产生同样的感受，"参与

---

① Hughes, R. (1993) 'Tolstoy, Stanislavski, and the Art of Acting', *The Journal of Aesthetics and Art Criticism* 51(1), 38–48.

者集体感受到恐惧、焦虑、悲伤、失望、希望或宽慰"。还有一种解释认为，戏剧的感受内容属于参与者，也属于观众和审美主体。换句话说，在包含着"敬畏瞬间"的关于越狱的即兴戏剧中，我们可能会认为：学生正在体验个人的内疚、宽慰、愤怒的感受；他们都在体验被背叛的感受；他们在体会观众看这个作品时的感受。然而，所有这些解释都朝着错误的方向发展，试图将感受定位在学生身上，而不是在内容上。

这并不意味着学生的感受在戏剧中并不重要。我们希望学生感到投入、兴趣、相信、热情、紧张、兴奋。我们不想让他们感到无聊或不感兴趣。然而，试图让他们感受到与戏剧相关的特定情感，或试图根据他们关于戏剧的感受评价戏剧，是弄错了重点。在《戏剧教育启蒙》（*Starting Drama Teaching*）中，我错误地坚持在评判戏剧质量时应用"感受反应"的概念。我知道挑战这种观点似乎是对教育中的戏剧的核心原则的一种背叛。一直以来大家都认为学生应该有真实的感受，而不仅仅是一种情绪展示。博尔顿将这一过程描述如下："他们采取假装感受的方式，就像在一部传统戏剧中，角色被要求展示给观众可见的'惊讶''恨'、嫉妒或愉快的感觉。"[1] 然而，对此适当的解释是，他们没有指导学生适当地使用戏剧形式。他们受到的指导让他们表现不好。例如，如果不评价戏剧本身（即他们试图表现情绪），如何判断他们是不是"假装"，是否没有成功地体现感情？

教育戏剧一直倾向于将"深度"与"感受"这两个概念联系起来。然而，在此讨论的基础上，主要基于内容和形式来解释深度更有意义。通过戏剧形式传达作品的多层意义是戏剧中创造深度的方式之一。这是使内容"有意义"的一种方式，第1章里介绍过这个概念。如果作者没有试图在表面上注入意义，那么舞台画面或对话交流必然是平庸的。戏剧性的讽刺总

---

① Bolton, G. (1998) *Acting in Classroom Drama*. Stoke-on-Trent: Trentham Books.

是能引入额外层面的解释，从而增加深度。设计推进台词并改变其含义的行动，能够赋予台词更深的意义和更强的冲击力。所有这些都不否认情感和感受是戏剧的重要部分，并且，作为演员或观众的学生可能会在工作过程中体验到强烈的情感（正如他们在读到《人鼠之间》的莱尼的死时，或者在写他们自己的悲伤故事时）。然而，教师的目的不是要唤起学生的感情，而是帮助学生创作体现他们感情的作品。

在本章到目前为止的讨论中，没有逻辑或理论上的理由说明为什么感受对即兴戏剧比基于剧本的创作更重要。通常好像是这样，即使用剧本总是似乎更加非自然和笨拙。然而，这是一种实践的、教学上的区别，而不是理论和概念上的区别。即兴戏剧感受可能会更加直接和激烈，参与者会有更强的参与感，但这只是使它成为戏剧教师武器库中的一个十分有用的小技巧，而不是一种唤起与戏剧情境相关的特殊感受的方式。事实上，如果扩大"剧本"的定义，剧本和即兴的关系就会更加密切。

在对戏剧活动进行分类，并试图找出不同种类的相似之处时，表面上看，"自发的即兴创作"和"计划好的即兴创作"相比基于剧本工作有更多的相似之处。它们所使用的语言也证实了这一观点。然而，如果计划好的即兴创作（这个术语听上去几乎是矛盾的）足够短，以至于对话和行动可以被记住，那么这就相当于一个"剧本"，即使并没有什么东西被写下来。另外，如果计划好的即兴创作不够短，行动对话记不住，那么作品往往就靠近自发的即兴创作。这通常在一种情况下发生，即学生展示他们事先准备好的作品时，每一次都与准备的不相符。即使是自发的即兴创作，也可能需要设定角色和情境，即使没有提前准备好台词。

这里提出的观点与博尔顿提出的观点不同，他建议扮演剧中角色的教师提供一个"剧本"或"文本"供学生阅读，且这个剧本"尚未完成"，尽管这也是对这个术语的合理运用。一出戏演完后，我们可能用剧本的形式把它记录下来，但是，我是在使用剧本来指代戏剧中的基础元素，即便它们可能不以文字的形式出现。这与德里达的"写作"的概念有相似之处，他用这个概念来引发对语言"先于任何'书写'"——常规概念中用笔写在纸上——而存在的特性的关注。这个讨论的重点不仅仅是围绕剧本语义的定义。重点是减缓戏剧中从一种形式的活动向另一种形式的活动的过渡（理论讨论所采用的方法）。

肯普和阿什韦尔提到了戏剧文学教育中"文本型"和"舞台型"的模式。在第一种模式下，学生被限制在课堂上阅读剧本，回答阅读理解问题，撰写评论文章。人们常认为唯一实用的替代方法是致力于实际创作，但这样难以找到实际理由，而且结果往往是"高度差异化"的。

> 例如，一个扮演麦克白夫人的学生可能会非常在乎她的那点"权力"，以至于对其他很多事情不管不顾，这是可以理解的……当演出首夜逐渐临近，对大量实际问题的处理往往消解了通过反思性讨论深入了解这个戏的机会。[1]

他们接着说，学生可以通过"阅读、写作和排演简短的交流片段"学到很多关于剧本写作的方式。重要的是要认识到，说别人写的词可能会让人感到尴尬；而且永远存在实际阅读和表达不同的可能性。但这些大都是对教学上的挑战。关键问题是让参与者对台词有一种需要感，从实际意义上讲，这往往意味着一种通过工作坊的方法，将基于文本的创作与其他戏剧活动相结合。

背诵学习不再是一种教育风尚，因为它长期以来一直伴随着盲目的钻牛角尖和权威主义。布莱克等人指出，死记硬背的学习往往与深度学习和浅层学习之间的区别有关。

---

[1] Kempe, A. and Ashwell, M. (2000) *Progression in Secondary Drama*. London: Heinemann.

浅层学习将一切视为无关联的或可固定的，专注于记住某些信息。深度学习旨在通过将知识与既定思想联系起来以理解意义。这里包括了事实和思维能力两个方面。当思维将事实置于认知结构中时，它就变得有意义了。要学习的东西是可能固定在认知结构中的，也可能是由相对孤立的信息组成的。[1]

然而，他们进一步认为，浅层或深度的内涵可能反映了一种对于符号实际运作方式视而不见的"本质主义"。反对背诵学习的一种传统观点是，我们可能被迫学习我们不完全理解的单词。但在这种情况下，我们如何认识"完全理解"？理解不是一种全有或全无的事情。浅层学习是通往深入学习的第一步，也是必要的一步。如果通过背诵学习某些东西，它就会变得"熟悉"。

"熟悉"是一种习惯，在学习的各个方面都显而易见 …… 我们所学的单词使我们可能拥有特定的思想 …… 有些事情即将来临，前途未卜。[2]

对"完全理解"的痴迷包含了一种被误导的观点，即语言含有意义，这可能使我们无法理解那些我们没有完全掌握，但可以引发我们联想并继续展开的语言。近年来发展起来的许多莎士比亚诗句的解读实际上并不是为了在运用和欣赏文本之前揭示其意义。

---

[1] Blake, N. et al. (1998) Thinking Again: *Education After Postmodernism*. London: Bergin and Garvey.

[2] Blake, N. et al. (1998) Thinking Again: *Education After Postmodernism*. London: Bergin and Garvey.

我希望你从这些练习中感受到，因为你并没有经过深刻思考，而是以更直觉的方式接受它来熟悉语言，你就不会通过压力把语言的意义挤出来，词句也就更富有生命力和色彩。①

—— 贝里（Berry）

这并不是说学生应该以死板的方式去学习背诵台词。然而它确实表明，通过工作坊活动或为了演出记住台词，比往常更有教学潜力。

———————————

① Berry, C. (1993) *The Actor and the Text*. London: Virgin Books. (First published in 1987 as The Actor and His Text by Harrap.)

使用剧本的方法

上述讨论的实际意义在于，尽管处理剧本（学生自己的写作或出版的剧本）通常是一种教学挑战，但它在戏剧课堂中的地位应该是毋庸置疑的，特别是对于高年级学生。戏剧教育的一些技巧正是用来让剧本更容易被接受的。温斯顿提供了一个面向6年级（10岁儿童）的《麦克白》（Macbeth）项目的案例，其将剧本创作与戏剧课常用的方法相结合。四节课的过程包括教师扮演角色（如邓肯表演了一段独白，详细介绍了战斗的细节）、定格画面（表示目前对麦克白的品质的认识）、戏剧游戏（盲人的虚张声势用来嘲弄麦克白）、良心巷（阐明支持或反对杀死国王的理由）、坐针毡（质询麦克白涉嫌谋杀罪）。与此同时，孩子们在上课的过程中直接利用文本创作，例如使用戏剧的文本来烘托气氛（使用开场女巫场景中的台词），向麦克白致敬（"万福麦克白，未来的葛莱密斯领主"），并表演第4幕第1场（女巫给出预言）的片段。

沃兰德（Woolland）评论认为，"在小学教育里使用剧本，有一种是谨慎可以理解的，因为有时人们担心会吓到孩子们，抑制孩子们自己的创作"。然而，他接着指出，"剧本可以被创造性而非限制性地用于低龄学生"。例如，剧本不必遵循传统形式，而是可以再生成故事板、漫画或场景的简单概要。

基于剧本创作的实践方法可以在许多刊物中找到，例如肯普和阿什韦尔，哈罗和雷诺兹，本纳坦（Bennathan），肯普和华纳，弗莱明的文章，下面总结了活动样式，用以说明剧本戏剧严肃对待台词的方式。然而，目的不是过分强调台词的重要性；其中一些活动强调了非语言符号影响意义的方式。但我们还是要认真对待台词，认识到台词的可能性和局限性。

一、创造潜台词

这个练习的例子可以在许多著作中找到。这里是指让参与者在对话交流中给出人物的思想。潜台词可以指通过语气和手势表达的意欲达到的意思，也可以是指没有清晰表达的隐藏的思想。因此，如果一个角色说："你想进来喝杯茶吗？"这些话可能与所传达的实际意思背道而驰（"我只是出于礼貌而不期望你答应"）。相反地，也可能心口不一。"请拒绝我。"严格意义上来说，第二个例子并不能叫作潜台词，但应该注意参与者理解活动的方式。剧本可以从现有的剧本中提取或由参与者自己写。对于潜台词的练习强调了意义存在的方式，它不仅存在于说出来的话的"当下"，还依靠语境和非语言符号发挥功能。它也能表现出意义如何不只是表达意图的功能。比如说，我们是将话语的意义归因于理解它的方式，还是归因于说话者的思想？

二、表演潜台词

这一项可以与前一项活动结合使用。这里已经提供出了潜台词（或由教师预先提供，或通过小组交流他们的剧本），参与者要表达潜台词的意思，但不能将其直接说出来，且只能用剧本。最初，参与者可能只能想到运用语调，但可以鼓励他们去使用肢体接触、动作、手势、说话的节奏，都可以改变同样的词语表达的意思。一个简单的对话似乎可以传达完全不同的含义：我爱你；我恨你；我被你烦到了；我被你吓到了。

三、传达潜台词

这一项的重点与上一项活动略有不同。给两个人一段对话，告知其中一个台词表面意思之下传达给对方的"消息"，而另一个人只知道台词的表面意思，并且要作出相应反应。这是教育戏剧的一个常用的方法，即紧张感产生于信息的不对等。例如，在为假期制订最终计划时，其中一位朋友想要退出。

四、对比记叙文和情节的记录方式

给学生们一组例子，关于同一个叙事的不同形式（带有台词的卡通画、叙事散文、剧本）。向他们提问，每种情况下信息是如何以不同方式呈现的。这是向低龄学生介绍剧本的一种常规的有效方式，可以使他们把戏剧作为一种艺术门类来思考。

五、以短语或句子的台词试验

要求学生以尽可能多的方式（害怕、快乐、愤怒、担心）说"再见"，然后要求他们建立两个人之间的对话，其中包括"你"和"我"两个词。每个参与者可以根据需要多次使用任一单词。可以通过加入"是"和"否"来扩展练习。这项练习鼓励参与者倾听，并尝试从语气和非语言线索中获取可能的意义。或者，一组人可以给出诸如"嗯！"之类的表达，并尝试传达不同的含义，如压抑的尖叫、钦佩或异议的低语。

六、使用夸张的肢体动作

两人成组，给出一个戏剧片段，其中有相当数量的隐含或明确的身体动作。要求他们写下伴随着每个句子甚至短语的动作。然后，演员们用不同的组合来试验动作：做出动作的同时说出台词；做动作然后说台词；说台词但不做出动作。其中的理念是，夸张的肢体动作将在原始语言上留下痕迹，并给予它生命。哈罗和雷诺兹用《樱桃园》的例子做了详细说明。吉布森（Gibson，1998）阐述了一个例子，说明可以用行动来阐明莎士比亚作品片段的含义。

七、使用舞台提示创作

老师给全班一个不包括舞台提示的剧本片段，让他们简要讨论对此的看法。在让他们自己尝试写简短剧本前，把有舞台提示的剧本片段给他们，并让他们试着演一演。另一种方法可能是尝试根据功能对舞台提示分类：与场景相关的舞台布景、道具；与演员有关的语气、行动、情感、调度。

八、识别潜在的舞台指示

莎士比亚的戏剧很大程度上将行动融入了对话之中。完全的舞台提示只在19世纪才开始出现，但正如沃利斯（Wallis）和谢泼德（Shepherd）所指出的，现代剧本中的许多指示仍然隐含在对话中。要求学生在台词中识别舞台指示，是提醒我们对白的意义不仅仅在于所说的话，且剧本写出来是为了表演。可以要求高年级学生识别例如萧伯纳（Bernard Shaw）、亚瑟·米勒（Arthur Miller）和爱德华·邦德（Edward Bond）的剧作中不同风格的舞台提示。

九、以不同方式演出对白

小组拿到一系列简单的对话，并尝试不同的方式来演出它。他们不能改变实际的词句，但可以改变语气、节奏和台词伴随的动作。肯普和阿什韦尔通过加入回应的要素（其他学生要评价这一组在清晰表现内容方面是否成功）以及进一步的剧本编写（小组自己编写剧本，交由另一组来进行诠释）来加强这一练习。

十、使用音乐音响

在《伊库斯》（*Equus*）第20场和第21场中，彼得·谢弗（Shaffer）使用"马声噪音"的合音伴随着夜间骑行。琼斯（Jones）描述了她如何让学生用一系列的人声来制造音效。她把这部作品与阿尔托（Artaud）对狭隘的"对话戏剧"概念（语言占过于主导地位）的挑战联系起来。使用剧本时，重要的是要防止弱化肢体（一种学生容易陷入的倾向），并减少语言的感官性（另一种形式的"本质主义"）。

十一、构建情境

给学生一出戏的一段简短的对话（或老师写的台词），其中删除了情境的细节（地点、背景、人物名称）。他们的任务是创造一个情境，并尝试演出这一个片段。

十二、创造矛盾

给学生四行对白，并要求他们创造两种情境，一种是直截了当的，另一种是有一定矛盾的。这种矛盾是通过改变情境达成的，而不是语言本身注入的。一句简单的话，比如"这杯酒味道很好"，如果是一个正被毒死的人所说的就会更有意味。

十三、连接文本

学生们拿到一部剧作中不同的台词。他们的任务是在房间里走动，说出台词，并试图找出小组中还有谁的台词是由同一个角色说的。

十四、编写剧本

为戏剧编写剧本不仅可以深入了解戏剧的运作方式，还可以产生对语言和意义的隐含启发（以一种不同于诗歌和小说的方式）。戏剧的主要语言模式是对话，这就更明显地体现了意义不是在"人体内"而是"人与人之间"产生的。下面的问题清单可以用于与学生讨论剧本创作。

• 该剧需要什么类型的观众"框架"？开场前需要交代什么信息，应该采取什么形式（标题、介绍信息、布景、开场前的动作）？不同时代的戏剧，例如阿瑟·米勒的《萨勒姆女巫》和莎士比亚的《凯撒大帝》（*Julius Caesar*）可以用于不同的形式展现。

• 如何向观众交代必要的信息？把它包含在对话中吗？这样是否会显得太不自然且刻意？斯托帕德（Stoppard）在《真正的检察员猎犬》（*The Real Inspector Hound*）的开头以一种滑稽的方式模仿了不成功的信息交代。

• 剧本是否要具体说明特殊的舞台布景或设计？这应该包括在舞台提示中还是留待解释？需要暗示空间的特殊尺寸和类型吗？为什么类似《等待戈多》的戏剧只需要那么简单的布景？

- 应明确说明行动和表达，还是在对话中暗示？ 例如，如果没有文本中括号内的"愤怒"这样的词，是不是留给导演和演员太多解读空间了？

- 书面对话和口语表述在传达信息上有什么区别？ 这为剧作家带来了哪些挑战？ 剧作家如何让我们了解人们的动机、意图和思想？ 我们需要看到伊阿古欺骗奥赛罗之前密谋的场景，否则我们就不能理解他的动机；小说作者可以通过文字描写来实现。

- 写剧本时需要考虑哪些结构方面的问题？ 例如：划分场景；从叙事中建构戏剧性的情节；时间试验（闪回、非线性叙事）、有戏剧张力的设计、戏剧性的矛盾。

- 学生可以在剧本工作中使用哪些曾在即兴戏剧中用过的技巧？ 包括直接向观众讲话、旁白、跳进跳出角色使用歌队、内心独白。

- 戏剧语言与日常语言有何不同？ 学生通常认为，戏剧剧本只是简单记录了对白，但事实上，它通常没有冗余，更有序，且富有更多内涵。

以上活动提供了创作剧本的方法示例。这不是说基于剧本工作只能结合非常短小的片段。这类练习可以综合起来，以实现学生对一出完整戏剧的主动学习。当然，另一种方法是让小组将这些表演转变成演出，这个概念将在下一章节讨论。

第 7 章

戏剧表演：过程与呈现

表演与呈现

过程与呈现

戏剧性

老师发出信号，每个小组依次呈现努力排练了大半个学期的戏剧。第一组从一个普通的早餐场景开始。一个角色在"舞台上"用一两个简单的动作布置场景。随着其他家庭成员的加入，他们开始简短而缓慢的对话，但逐渐加快了节奏，加大了音量。这种场景本来很容易沦为陈词滥调，但他们的实际呈现却没有落入窠臼，因为剧中一个十几岁的孩子，在其他人的喋喋不休中努力让大家听到他的声音，使得这场对话显得更有意义。他并没有被完全忽视，但大家也没有认真倾听他的话。从几段对话中，我们可以了解到，他的考试即将来临，而且他的成绩优异。随后场景发生变化，全家人现在都聚集在医院的病床旁。画外音像一个警察在询问不同家庭成员。我们渐渐得知，儿子服药过量了。每个小组展示的作品都有一个共同的主题：表达某人的呼声（受虐的儿童、商人、老师）。最后一组表演结束后，一名学生大声朗读了史蒂维·史密斯（Stevie Smith）的诗《不是挥手而是求救》（*Not Waving But Drowning*）。

在另一所小学，这个班即将上演以爱尔兰马铃薯饥荒为题材的戏剧。它由许多不同的场景组成，共同展示了枯萎病的发现与传播，一个学生叙述史实以作为转场。每个学生的作用不同，所有人都参与其中。在一个场景中，一个女人抱着一卷衣服代表一个婴儿，她拜访不同的人家，拦住街道上的人讨钱。回到家后，她向家人隐瞒了这些事。

在另一所学校，几组学生已经展示了他们的作品，现在轮到最后一组了。从他们的开场白中可以得知，一个男人和他的小儿子单独在家。敲门声响起，两名社工赶到，他们得到法院的传讯，要将小儿子送去福利院。孩子反抗，场面因此变得混乱和吵闹起来，人们不得不使用武力平息混乱。最后，场面终于平静下来，那个男人一个人待在房间里，面无表情。他的手中有一个音乐盒，是孩子走的时候留下的，他打开音乐盒，启动了它。

将上述例子称为"演出"是否合适呢？按照这个词日常的用法，是合适的。学生们正在向观众（课堂上的其他人）传达"意义"，这似乎符合称它为表演的必要条件。然而，过去的许多剧作家，以及戏剧教育近些年的方法，都试图在区分"表演"和其他形式的戏剧交流活动，如"呈现""分享""展示"。要想对术语的使用有所了解，我们应该详细了解每一项工作的情境。

一、《不是挥手而是求救》

在这里仅简要介绍，更多详情请见《中学英语杂志》（*The Secondary English Magazine*）。它针对的对象是一群有戏剧创作经验的 14 岁学生。

- 学生围成一圈，玩一个简单的热身游戏，在圆圈的中心形成静止画面。学生形成的画面既有来源于现实的（两个人在公共汽车站等车，一个人在给另一个人拍照），也有抽象的。热身本身并不重要，但是为后面的内容作出了重要的铺垫。

- 学生们以小组为单位，各自描绘某种霸凌。然后，他们重新设计了场景，让其更有意义（通过直接表达人物的想法、通过呈现一个场景中的施暴人是另一个场景中的受害者的场面、通过阅读受害者日记的片段加以配合）。然后，教师扮演一个权威角色，倾听被欺凌者的哭诉，但是没有成功（被欺凌者无法描述事实，或者没有体现出事态的严重性）。

- 同学们在同样的小组中，模拟一种情形：一个人试图向长辈（学生 / 教师、工人 / 老板、孩子 / 父母）倾诉一个问题，但结果要么是他们自己说不明白，要么是对方太忙了，没有时间搭理他们。这与一个不同的简短场景并列，揭示这个问题的本质。本活动以非常紧凑的方式介绍了"并列"的概念，以便参与者学习。比如第一个场景是，在老师布置作业时，学生在老师面前说不出话来；第二个场景是，学生在家里照顾弟弟妹妹，并被给予过分、不合理的责任。

- 工作坊的主要内容现在开始。每个小组得到两行台词，他们需要进行头脑风暴，构想这两行台词所对应的情境。随后每组都报告了头脑风暴的结果。

> 他们觉得自己做得不错。
>
> 他们犯了多大的错啊。

最典型的情境是：在学校里被欺凌的学生（如同前面提到的主题）；面对挑战性的工作的刚入职的老师；陷入财务危机的商人；戒酒中的酗酒者；受家暴的孩子。有些小组注意到了第二句台词的严肃语气，尤其是其中出现了"非常"（very）；有些没注意到的组则可能创作出一些更轻松愉快的场景。

- 现在他们需要根据上边那两行台词创作两段戏，一段戏展示为什么"他们觉得自己做得不错"，另一段戏展示现实情况。两个场景都将呈现给其他人看。现在，需要工作的内容已经布置给全班同学了。小组不必局限于自然主义形式 —— 他们可以使用静态画面、内心独白、独白或其他形式。要清楚地告诉他们，不要去呈现一个复杂的情节。如果老师能给出一个例子，可能会有帮助。第一个场景中，大人们热闹地准备晚宴，没有人关心小女孩的心事。第二个场景以日记或独白的形式，揭露了她在学校受欺凌的真相。或是，公司董事在会议上隐瞒了他的财务窘境，并在下一幕中和银行进行电话交流时交代出这种窘境。

- 老师将史蒂维·史密斯的《不是挥手而是求救》分发给全班并大声朗读。之后要求学生思考这首诗的字面意思（一个男人因为误会而不幸被淹死），然后把这首诗与他们创造的情境联系起来，考虑文字背后的深层含义。之后，重新演出每个小组的作品，重新演出时，有人在一旁同时对这首诗进行朗诵。

二、《马铃薯饥荒》

这个项目是一个五年级的教学内容。可以在《戏剧》（*Drama*）中找到更详细的改编版本。其中也包含了所需文件的图片和摹本（Chaplin，1999）。

这个主题中，教师向学生展示了一张一家人在茅草屋外的照片，从图中可以看出他们显然有心事。学生们被要求推断出这家人的故事，例如：这是以前的事；这是在乡下；人们似乎相当贫穷；这似乎是某个农场；这可能是一个大家庭；对于一大家子人来说他们的房子太小了；他们看起来很难过；他们由于一些原因而聚集在一起。同学们被要求推测他们的生活方式。他们可能有什么交通工具？他们有电、电话、电视吗？他们有什么娱乐方式？此时，老师告诉学生们这是爱尔兰，并问他们这是否给了他们更多的线索。

之后，学生们可以询问照片中人物的信息来了解更多的情况（向教师询问）。他们说外语吗？这是多久以前？一些内容是虚构的（比如家庭关系），老师所扮演的角色只是为了交代背景信息：所有的土豆都腐烂了，而且没人知道为什么；房子和土地都是租的；他们要向地主缴租金；土豆是食物的主要来源——这就是为什么局势如此严峻；倒是也种了其他作物，但这些作物都被用来付房租了；这个家庭过着非常简单但幸福的生活；他们也把土豆当作一种家畜的饲料。

学生表演了一个简单的场景：一个家庭成员去邻居家，看看他们是否有多余的食物，结果发现他们的土豆也烂了。由于整个场景的结构和结果是预先确定的，学生们可以将精力集中在设计戏剧上。目的是使用戏剧的形式来模拟"粮食歉收"这一坏消息的传播，并增加学生对事件规定情境的理解。一系列问题和建议有助于学生们构建情境。当访客到达时，邻居在做什么？客人不想直截了当地乞求食物——他/她会先说什么？邻居还没有开始收割，于是他们家里派出两个人去挖土豆——什么样的动作适合表现这段情节？邻居想知道作物歉收的原因是什么 —— 他们给出了什么理由？邻居们在这个时候有多担心？这种"偷听"或"开门"的技巧给予学生一种展示戏剧的行动，且不用背负太多"表演"的压力。

学生们通过从两人一组变为四人一组，再从四人一组变为八人一组，模拟了流言的传播过程。这个时机正好能够介绍关于作物歉收的更多信息，并将这些信息融入情境。土豆正常该长什么样子？土豆是植物的哪个部位？该病发作时，首先是叶子上出现黑点，生长出绒状物质。之后茎和叶开始腐烂，块茎变成黑色，散发出非常难闻的气味。起初，人们试图保存块茎健康的部分，但很快整个作物都腐烂了。人们尝试总结作物歉收的原因：用的肥料不合适，霜冻、雷暴、雨水，乃至上天的惩罚。即使土豆刚挖出来的时候看起来很健康，它们也会在几天之内变黑腐烂。

学生们和地主（由老师扮演）就租金太高和食物不足进行对峙。这是由于学生的"体验"而得以自发即兴创作出来的。相比"再现性"，这是一种更具有"表达性"的作品。这不可避免地违背了史实（比如学生们一度认为房东是土豆中毒的元凶），但它增强了学生的参与感，并给他们（作为学生和农民）提供了一个表达愤慨的机会。

学生们准备了一个这样的场景：一个家庭成员去乞讨，但羞于承认。这让学生了解到尽管困难重重，他们还是希望保持尊严。学生们讨论了人们为什么不得不乞讨，以及他们这么做的感受。学生们在戏剧的这些部分得到了特定的帮助：选择场景（例如，家里第一次还有很多食物可吃时的就餐过程；到了睡觉时间，但母亲还没有回家）；决定如何开始（例如，其中一个父母试图与孩子们玩游戏以分散他们的饥饿感）；适当的行动（例如，家庭如何受到饥饿感的影响）；决定一个有效的结局（例如，是什么引起了家人的怀疑？当他们发现真相时，他们会做出什么反应）。

其他的活动包括：小组呈现被驱逐的场面（他们将自己的创作与真实的照片比较）；表演一个看到一家施粥场倒闭的人多么"如坐针毡"（此前，

他们阅读了相关的历史文件）；把一个家庭成员被迫去济贫院时的谈话写成一个简短的剧本（他们会获得一些写剧本的建议）；描述家庭成员在不得不移民时的内心活动，表达他们矛盾的感情。

只有经过大量的"过程""情境化"和"场景设定"，学生才能"表演"他们的作品。表演也并非对其他观众，而是学生之间互相表演。目的是让学生在叙述文本中穿插各种戏剧性的表演，形成一个统一的作品。这次活动巩固了他们以前的工作。演出采用即兴演出、哑剧表演、剧本交流和静态图像等，场景间淡入淡出的音乐加强了演出效果。

三、《查理福斯特》

这是本章开头描述的第三个例子，目标对象是10年级的14岁儿童，该项目中教师刺激学生自己进行戏剧的集体创作。这个例子在此只做简述，更详细的版本可以在《中学英语杂志》中找到。

老师向学生解释戏剧的概要：他将扮演一个无家可归者的角色；学生通过和他互动来了解更多信息（检查他包里的物品或直接询问他）；之后每组就他们得到的信息开展创作。然后，他戴上帽子，穿上旧外套，用化妆品把脸涂黑，并脱离角色和学生们交谈。这种方式清楚地表明，老师将和学生合作创作故事，而不会过分强调角色的戏剧性。

学生们被要求设计一个包含所有人的场景，并将人物引入其中。他们决定采用野餐作为情景，并利用场景的简单布置和一些对话使情景丰富起来。教师扮演一个流浪汉，抓着袋子坐在离小组有些远的地方，等待他们的注意。这个"流浪汉"起初不愿意与他们互动，但逐渐对他们的行动作出反应。这看起来风险很高，但是学生们想要了解角色自然会主动去互动。学生们知道包里有线索，但首先要获得他的信任。

学生们通过对袋子里的东西（《圣经》、信的碎片、音乐盒等）进行提问，来了解他的过去。这并非高度追求现实：在公园里，一个流浪汉和一群野餐的年轻人愉快地讨论他包里的东西，这听起来似乎有点牵强（尽管人们喜欢向陌生人分享自己的故事）。然而，这种活动形式（它类似于游戏"20个问题"）以及学生们事先了解到的事实，使活动可以继续。这是学生自发创作的体验式的戏剧，并借此和教师一起创造"意义"和"过去的生活"。

在确定了查理福斯特个人经历的梗概后，学生们要创作一个他生命中的重要时刻，并且将他的一个物品融入进去，最后将作品表演给其他人看。使用这些物体作为象征，有助于各组创作出重点突出的戏剧；每个单独场景的意义都能通过与其他组的场景相对照而变得更丰满。

这些例子被用于检验是否有效地将"表演""呈现""表现"等概念进行了区分，但首先我们要考虑历史背景下这些概念的区别。

表演与呈现

博尔顿（Bolton，1998：16）在他的戏剧教学史中描述的如何"远离"观众，一直是许多戏剧教育家的重要课题。哈里特·芬德利·约翰逊（Harriet Findlay Johnson）认为有必要取消观众，以舞台经理、评论家和观察家代之。斯莱德认为，让孩子过早地意识到观众的存在，等于摧毁了他们的"儿童戏剧"。韦认为，戏剧（与经验有关）和剧场（与交流有关）之间的区别支持了这种观点。他认为任何过早尝试着去强迫沟通的企图都会导致"虚假性"和"破坏预期体验的价值"。

这些观点是众所周知的，并且经常被引用。然而，人们不太知道韦还提出了一个有点牵强的观点，即有时候表演是不可避免的，但不应该从"文本解读"走向"舞台呈现"。他使用"分享"这个词而不是"表演"，并强调了学生和观众的关系是如何产生影响的。

如果演出区域安排合适，观众随意地坐在地板上看演出，那么在分享的过程中，许多戏剧最有价值的内容将被保留。[①]

—— 韦

因此，重要的是，不要突然要求学生在"镜框舞台"上向观众表演，否

---

① Way, B. (1967) *Development Through Drama*. London: Longman.

则他们对作品本身的注意力和理解可能会变得浅薄，而注意力和理解可以帮助他们在公众面前不失去作品的本质。这里，韦似乎承认，如果有良好的氛围和充分的准备，即使是在"表演"中，也可以保持"高质量的体验"。

彭伯顿-比林（Pemberton-Billing）和克莱格（Clegg）将戏剧定义为一种"展示的艺术"。起初，他们也不赞同小学生"表演"想法。

> 儿童们通常死记硬背台词和动作，再加上需要高效地把戏剧呈现给观众，他们很难利用自己对生活的观察以及他们自己的台词和动作，或者他们自己对情境作出反应的方式。他们成为导演（教师）手中的机器人，丝毫不能体现出真实的自己……[1]

然而，虽然听起来跟之前说的有点矛盾，他们也承认戏剧作为一种课外活动是可以发挥一定的作用。这就被称为戏剧的"包容性"。

> 这并不是说戏剧"不好"或"错了"，而是不应该把它与儿童的戏剧教育相混淆。戏剧可以是一种有用且令人愉快的课外活动，儿童戏剧是一种教育媒介。[2]

塞利（Seely）也提出了一个现在被广泛认可的观点：

> 如果我们要求孩子们特意为了表演准备一个场景，即使观众只是班里的其他人，在创作中也会出现不同的侧重点，特别是在指导和讨论的形式上。[3]

---

① Pemberton-Billing, R. and Clegg, J. (1965) *Teaching Drama*. London: University of London Press.

② Pemberton-Billing, R. and Clegg, J. (1965) *Teaching Drama*. London: University of London Press.

③ Seely, J. (1976) *In Context: Language and Drama in the Secondary School*. Oxford: Oxford University Press.

　　然而，他对表演也有着矛盾的看法，他呼吁不要果断拒绝而是要谨慎对待它：

　　重要的是······要意识到"戏剧"和"剧场"之间的差异，并做出防范：儿童不会因过早接触面向观众的表演而受益，甚至可能因此而遭受痛苦。特别是在进行即兴创作时，教师们必须考虑孩子在不同阶段需要在观众面前的曝光程度，并避免落入陷阱。[①]

　　很显然，在1970年，当古德里奇（Goodridge）出版《小学戏剧教育》（*Drama in the Primary School*）时，斯莱德的观点仍然非常有影响力。她坚持认为，小学戏剧教育的最终成果应该是对整个过程的"体验"，而不是在观众面前表演。她还引用普劳登报告（The Plowden Report）来支持她的观点："虽然有些小学生喜欢在父母或者其他同学面前表演，但舞台形式的戏剧表演对他们来说是不合适的。"在提出"表演"的危害性的同时，她也承认，有时为父母"表演"也是有必要的。

　　孩子无法像成人戏剧演员一样与观众交流。对孩子来说，"表演"意味着在他们没准备好之前就给他们强加技巧。因此，观众往往不能充分理解他们的表演，他们也常常无法控制他们的行为举止。但有时，他们需要在父母面前表演。在这种情况下，教师应尽量保持不那么正式，尽可能像普通的课堂作业一样，而不要让孩子担心冗长的排练或最后一刻的改动。[②]

[①]　Seely, J. (1976) *In Context: Language and Drama in the Secondary School*. Oxford: Oxford University Press.

[②]　Goodridge, J. (1970) *Drama in the Primary School*. London: Heinemann.

这样的看法很典型，他们表明当时先进的戏剧教育理论中把"表演"和侧重表演的戏剧完全排除在外的做法是不完全对的。在上面的这些引用中，我们发现了智慧和幼稚的结合。大家都相信，如果突然把一群孩子推到舞台上，面对一群成年人观众，他们体验的质量肯定会受影响。然而，这体现了一个在准备和展示中非常传统的模式，涉及"排练"和变成创作者手中的"演出机器人"。第5章对比了戏剧教育实践中的不同模式，并指出传统意义上的"观演关系"是戏剧长期发展之后才得到的产物。上面引用的作家都赞同一种本质主义的形式，但这种形式并不能反映出戏剧和表演的实际运作方式。正如奥图尔（O'Toole，1992：11）所说：

> 导演按照剧本，遵从剧作家的指导（不管是他们真正得到的还是假想出来的），并强迫演员接受这些约束……现在已经完全不可行了。[①]

随着与"表演"不同的"呈现"（或"分享"）等概念的引入，观众明显不再是区分不同戏剧形式的关键因素。有人认为，在所有形式的戏剧活动中，即使没有观众在场，参与者也会有一种潜在观众意识。在一个团体中进行自发的即兴创作，团体中的其他人都可以成为观众。博尔顿表示，与他早先在《教育中的戏剧理论》（*Towards a Theory of Drama in Education*）中表达的观点相反，观众是"课堂戏剧中普遍的要素"。他不依据观众的存在与否区分"呈现"和"表演"，而是依据演员的意图。

> 因此，我认为，在戏剧中，当"表演"表示"希望观众鼓掌的演出"

---

① O'Toole, J. (1992)*The Process of Drama Negotiating Art and Meaning*. London: Routledge.

时是最有意义的。在戏剧活动中，应用"呈现"代之，因为它本身和表演没有多大关系。①

他接着表示观众在一定程度上决定表演是如何被接受的，"观众可以把演出者的意图转化为表演"。因此，狭义上，表演可能不是由可识别的行为决定的，而是由行动者和观众的共同意图决定的。

这种区别有助于引起人们对不同行为方式的"风味"的重视。一种是"戏剧性的"和"表演性的"，另一种是"为观众描绘一个主题"。然而，这种差异很难靠着观众或演员的意愿而维持下去。就像我们必须知道行动的"背后"是什么，再做出判断。其内涵是，意图是伴随行为的一个过程或者状态，而且它某种程度上决定了行为的质量。

维特根斯坦认为，意图不是由思想过程决定的（与常识相反）。在这方面，意图与"意义"类似。"意味着某事是指引导一个人注意某个行为，但不一定要表现这一行为。"

没有什么比认为"意义"是一种"心理活动"更糟糕的了！除非是有人要捣乱。（黄油价格上涨也可以被称作一种活动，但这若不造成任何后果，就是无害的）②

—— 维特根斯坦

"对于相信某事、想要做某事和意味着某事来说，心理或者物理的过程或者状态都是既不必要也不充分的。"③我们如何确定演员的意图？直接问他们吗？他们会说他们事先根本没想要掌声，但我们却觉得他们在取

---

① Bolton, G. (1998) *Acting in Classroom Drama*. Stoke-on-Trent: Trentham Books.

② Wittgenstein, L. (1953) *Philosophical Investigations*. Oxford: Blackwell.

③ Glock, H. (1996) *A Wittgenstein Dictionary*. Oxford: Blackwell.

悦观众，乞求掌声。倘若如此，谁是对的？反之，他们也可能在演出前表示追求掌声雷动，但他们的表演让我们认为，他们并没有这种意图。他们带着"想要掌声"的想法上台，但如果这种想法从他们的脑海中消失了，我们怎么判断他们的意图呢？正如莱亚斯所说："我们需要区分一个人明确表明的意图 …… 以及我们从他的言行中了解到的意图。"[①] "意图"用于描述人们在生活中的行为比描述内心想法更有意义。通过"意图"来区分"表演"和"呈现"只是对其行为做出的定性判断，是语言欺骗了我们，让我们认为有一种叫"意图"的东西伴随着表演。

　　这里与第4章讨论的内在、外在经验有相似的地方。我们并不是要否定内在状态的存在，而是那些描述内在状态的词语（意义、感觉、意图）的意义是根据人所在的情境来决定的。正如第4章建议的那样，我们需要将注意力从戏剧中的特定活动（如同前文说的"意图"）转向戏剧产生的背景或环境。

---

① Lyas, C. (1973) 'Personal qualities and The Intentional Fallacy', in Vesey, G. (ed.) *Philosophy and the Arts*. London: Macmillan.

过程与呈现

在思考戏剧教学时，我们不应该去区别"过程"和"呈现"。如果说剧院中的表演是一种"呈现"，而戏剧工作坊的即兴戏剧是一个"过程"，这种假设是经不起推敲的。正如博尔顿所说，人们会错误地认为"过程"可以代替"呈现"，但实际上"他们是互相依存而不是对立的"。在《戏剧教学启蒙》（*Starting Drama Teaching*）中，我这么说：

> 无论采用何种形式，学生总是在为呈现而努力。他们实际参与表演，同时也参与了一个戏剧的过程。一定要在过程和呈现之间找到区别，就像是把足球比赛和踢足球的概念分开一样。就好像有人拒绝谈论比分或关键球员，理由是他们只是"参与了这个过程"。[1]

然而，这种区分忽视了"过程"这个概念的价值，即引导我们的注意力向外，"横向"地关注作品产生的背景，而不是内在的潜藏于行动背后的东西。本章开头给出了三个"呈现"或"表演"的例子，但是每个例子的背景对于理解其起源、含义、教育目的以及对参与者的影响都非常重要。这里有一个理论和实践的观点。戏剧教育背景下产生的戏剧与（传统意义上）"纯粹"的表演不同，因为我们评判它们时必须始终考虑"过程"或情

---

[1] Fleming, M. (1994) *Starting Drama Teaching*. London: David Fulton Publishers.

境。当我在剧院观看演出时，演出是怎么制作出来的并不重要，但在戏剧课堂中，如第4章所言，制作的过程很重要。实际上，学生体验的质量很大程度上取决于教学过程。

本章开头给出的例子在质量上出现了差别。当小学生们表演他们关于爱尔兰马铃薯饥荒的戏剧时，它失去了大部分的即时性和内容；学生们念词时结结巴巴，这是在以前的课程中都没有出现过的。这一方面取决于他们的年龄和经验，另一方面取决于整个过程的复杂性和过程中活动的多样性。为了呈现更加精彩的表演，他们需要很多的排练，但这并不是应该优先考虑的。然而，"表演"应该被视作一种对成就的庆祝，一种对之前活动的整合，一种对以往学习和理解的巩固。

英国皇家国家剧院（The Royal National Theatre）和伦敦陶尔哈姆莱茨区的小学合作的驻校艺术家项目每年的高潮部分是一场合作演出。这个演出源于不同学校的学生开展的工作坊活动，并且在剧院中进行（无论是国家剧院或麦尔安德的人民宫）。每个参与者（学生、教师和工作坊的负责人）都把演出作为目标，从中获得了动力和共同的关注点；这也可以被视为庆祝自己的成就和视野的拓宽。每个学校中独立工作的学生都能够欣赏其他学校创作的同样主题的戏剧。然而，演出还有更深层次的功能。它培养了学生在面对内涵丰富的工作时的交流能力、空间意识、观众反应和共同价值观。表演本身并不是"炫耀"，而是有意寻求群体参与和对他人工作的尊重。这项工作目前正在由杜伦大学（The University of Durham）课程评估和管理中心的彼得·蒂姆斯（Peter Tymms）教授领导的一个研究小组（我是其中的一员）进行评估。有关该项目的更多详细信息，请参阅坦辛·拉比（Tamsin Larby）即将出版的刊物。

戏剧性

芬奇（Finch）提出，维特根斯坦教会我们一点："我们必须深刻地理解一些'表面上'的东西，才能找到理论和实践相结合的地方。"[1] 本章引用的许多戏剧教育家都认为，某些类型的表演（例如对公众、外部观众的）可能是不合适的，因为他们会产生错误的体验。纵观戏剧教育历史，剧作家们对"表演"的潜在危险持保留意见，他们中的许多人开始寻找不同活动理论上的差别。然而，与其去寻找理论上的、"本质主义"的区别，不如去想一想，一堂戏剧课是成功还是不成功，或者教得是好还是不好，后者更有帮助。

许多关于戏剧教育的文章都就"戏剧性"发出了警告。芬德利·约翰逊对取消"表演"表达了疑虑，但是她没有对"父母和其他成年观众在场而产生的负面影响"发表评论。斯莱德担心学生可能会变成"夸夸其谈的小吹牛者"。艾伦（Allen，1979：128）提到，小学生演的耶稣诞生剧都很一般，甚至糟糕；在表演中，学生们的声音总是听不清，他们也老想和观众席上的家长互动，没有把关注点放在戏上。1981年，博尔顿重申了他的观点，他不鼓励那种"需要导演/教师的聪明才智，而演员只需要做一个机器人"的作品。奥尼尔和兰伯特（Lambert）认为，"戏剧"（在他们的时代等同于"表演"）可能会导致"肤浅的表演，缺乏严肃性，还伴有一定程

---

① Finch, H. L. (1995) *Wittgenstein*. Dorset: Element Books.

度的炫耀"。

这些担忧都是合理的，教育领域之外的一些剧作家也有类似观点。列维奇指出，戏剧先锋派的教育活动与斯坦尼斯拉夫斯基所说的戏剧"大革命"一样，都在寻求更真实的表演风格。韦1967年发表《戏剧发展》（*Development Through Drama*）仅仅一年之后，罗斯 - 埃文斯（Roose-Evans）1968年出版了《导演一出戏》（*Directing a Play*），其中他描述了他是如何导演《牛奶树下》（*Under Milk Wood*）的。

> 在排练中，大量的即兴表演被用来展现个体的特性。所有演员都参加了这一活动，就像分享团体的集体记忆一样，分享了他们自己的感受（在即兴创作中，许多人展现了不同人生阶段的不同角色）。[1]

尽管斯莱德和韦有许多剧场经验，但是，由于戏剧教育与专业戏剧之间缺乏交流，我们看不见二者内在的联系和互相充实的可能性。

除了描述他背离传统的排练模式外，罗斯 - 埃文斯还提出了一个简单而有力的观点："如果观众听不清，那就算有再多真情实感也没法弥补。"很明显，为公开演出做准备和在戏剧工作坊中简单地分享作品重点不同。这并不是在反对"演出"，只是指出，当一出戏必须在公众场上演时，工作的优先级可能会发生变化。然而，这并不是在说公开演出和肤浅、缺乏理解之间有什么必然的联系。

戏剧似乎在深刻与肤浅之间徘徊。一方面，对于学习、洞察生活、提升生活质量、鼓舞人心来说，戏剧可谓是宝库。另一方面，很多剧作家又意识到，戏剧可能采取一种空洞的形式，来强化所有错误的个人特征。戏剧相关的形象可以非常消极。"装腔作势"很少用作褒义，我们说某人"有

---

[1]　Roose-Evans, G. (1968) *Directing a Play*. London: Studio Vista.

那么点儿像演员"也通常都是贬义。戏剧中"自以为是、矫揉造作的演员"很容易招来嘲讽。

这种对戏剧的消极或模棱两可的观点并不新鲜，艺术也不总是被看作积极的东西。柏拉图在《理想国》(*The Republic*) 中有一段著名的对戏剧的抨击，在历史上被不断引用。根据杨（Young）的说法，尼采的艺术观也是矛盾的：

> 在他职业生涯的某些阶段，他把艺术看作一种拯救生命的活动，是我们摆脱"作呕和自杀"的唯一方式。而在其他阶段，他认为艺术毫无意义，甚至认为艺术对于生活质量的提高是无用甚至有害的。[1]

在《悲剧的诞生》(*The Birth of Tragedy*) 中，尼采定义了希腊文化中两种相互竞争但又互补的冲动 —— 阿波罗型（Apollonian）和狄俄尼索斯型（Dionysian）。

> 阿波罗型中的阿波罗神是光明、梦想和预言之神，而狄俄尼索斯型中的狄俄尼索斯神是酒神。阿波罗与有形之物、理性的知识和节制联系在一起，狄俄尼索斯与无形的流动、神秘主义和放纵联系在一起。[2]

从艺术的角度来看，阿波罗是与有造型的或具象的艺术联系在一起的，如绘画和雕塑。而狄俄尼索斯是音乐之神，这种艺术本质上是"非具象的，没有物质形式的"。狄俄尼索斯型的艺术与"以无序的方式释放出

① Young, J. (1992) 'Neitzshe', in Cooper, D. (ed.) *A Companion to Aesthetics*. Oxford: Blackwell.
② Smith, D. (2000) 'Introduction', in Neitzsche, F. *The Birth of Tragedy*. Oxford: Oxford University Press.

的澎湃能量，类似于创造力和破坏力的冲动"联系在一起，而阿波罗艺术则与"逻辑思维的有序性和对理性的信仰"联系在一起。尽管这些比喻最初用来形容不同的艺术形式，它们都可以应用于戏剧。在这种情况下，过度的阿波罗型的"影响逐渐超过了狄俄尼索斯型，必然会使它自我毁灭；这是对世俗戏剧的致命冲击"。伟大的戏剧需要这两者的结合。

> 然而，阿波罗型和狄俄尼索斯型是对立而互补的，二者的组合和动态平衡产生了希腊悲剧这种终极的艺术形式。如果没有彼此，他们都会走向极端。不受狄俄尼索斯型的约束，阿波罗型产生了古罗马的世俗和军国主义文化，仅仅关心形式并强加规则。如果没有阿波罗型的平衡，狄俄尼索斯型就会导致悲观和被动。[①]

可以将这两个概念和"戏剧性"作比较。人们"炫耀"的天性不仅关乎个人成长（或成长的缺失），还影响了戏剧的审美；它不仅没有揭示意义和真理，还分散了人们对二者的注意力。戏剧提供的对人们的体验的理解不来自沉默的文本，而来自我们如何用表演实现文本；糟糕的表演会掩盖深度。阿波罗型艺术对戏剧教学中的影响力过大，导致许多剧作家反对这种独裁式的指导。他们认为这样过度关注逻辑和结构，而忽视了体验和意义。戏剧教育为戏剧教学界注入了一种狄俄尼索斯型的能量。

布莱克等人将他们从尼采的观点中得到的关于"戏剧性"的概念，与目前教育中更普遍的理论作比较。

> 正如阿波罗型艺术的过度影响导致悲剧退化成尼采所谓的世俗戏剧，我们认为在教育中也发生了类似的戏剧化：标准和价值观现在变

① Smith, D. (2000) 'Introduction', in Neitzsche, F. *The Birth of Tragedy*. Oxford: Oxford University Press.

成了模糊闪烁的影子，无法确定它们可能是什么样。练习变得做作而自我，上台表演已经变成一种需要承担的责任。[1]

剧院的意象可以扩展。教育标准局迫使学校和教师参与舞台管理，呈现虚假形象并隐瞒真相。"演出管理"，顾名思义，试图改善"演出"，而不去关注价值观和内容。

表演是戏剧中的一个关键因素，但它需要被用来揭示真相。斯莱德和韦反对炫耀。后来的戏剧从业者不仅反对炫耀，而且反对不关注内容和意义，而他们认为这些是表演必然会导致的。他们还认为表演无法诱发正确感受。但我们需要把这些看作一种偶然现象，不是表演一定会导致的。表演有好坏之分。正如维特根斯坦所说的那样，我们挖掘得太深了，试图窥视行动的背后，而不是表面。

我们现在回到第4章中提到的希斯考特创作的BBC电影的"愚蠢囚犯"案例。这个例子因其有趣的历史而有价值。当它首次发布时，它被广泛地理解为一部自发的、即兴的戏剧，但后来人们发现，其实剧中很多安排都是设计好的。

例如，当"愚蠢囚犯"崩溃哭泣时，这似乎是一个自然而然表达情感的绝佳时刻（有些人认为这是希斯考特事业最高峰的代表）。然而，这是一个精明的电影导演和男孩演员之间的一个设计，这个男孩曾经向希斯考特和全班提出问题：让这个角色哭是否合适。同样，当警卫突然到达时，他灵巧地隐藏钥匙，通过他的技巧让摄像机得以"写实"地拍下来。

当老师希斯考特第一次扮演警卫面对学生们时，学生们开枪打死了她。这一段在影片里没有出现，相反，他们在一个紧张的戏剧性时刻与她互动。如果在20世纪70年代，年轻戏剧老师们知道这个戏剧第一次就出

---

[1]　Blake, N. et al. (2000) *Education in an Age of Nihilism*. London: Routledge.

了错，他们一定会感到非常心安吧！这里的重点不是揭穿这部电影，也不是暗示这就是"皇帝的新衣"。希斯考特本人并没有过多解释这一课程，也没有试图歪曲它，因为她比她的追随者更理解自己是做什么的。然而，背景资料确实有助于我们重新解读这部戏。本人在《开启戏剧教学》中指出，这部以强调"经验"和"体验"闻名的电影，同样可以被视为一部有价值的戏剧。现在，更进一步，我认为它也是一个非常有效的"排练后的演出"。有些评论家反对我使用"排练"一词形容这个作品，但我认为这是因为这个词让人脑海里浮现了错误的画面（传统模式的排练）。我们可以很容易地使用"排练"这个词来形容这项工作，即我们可以认为希斯考特开创了一种复杂的排练模式。

我们可以通过研究"使用符号来建构和传达意义"来分析这部作品，而不是把它看作体验式的戏剧。现场的大部分准备工作都是为了让所有男孩都能看到自己，以及"理性地看看人们有多喜欢监控画面"。在戏剧的高潮部分，老师正在与其他观众一起观看。具有讽刺意味的是，相对于在教育实践中对"过程"的重视，这部电影呈现并留给后人的是一种"产物"。大部分重要的过程都被剪掉了，"散落在剪辑室的地板上了"。

第 ❽ 章

戏剧和语言：意义与逻辑

布莱恩·弗里尔（Brian Friel）的《翻译》（*Translations*）背景设在19世纪30年代的爱尔兰，该剧的第二幕第二场中，约兰德和梅尔手拉着手离开舞会，现在只剩他们两个人了。起初，他们的交流看起来很正常：

梅　　尔　噢，我的上帝，跳过沟渠的那一下差点要了我的命。

约兰德　我刚才几乎跟不上你。

梅　　尔　容我喘口气。

约兰德　我们刚才看上去好像在被人追似的。

然而，观众很快就意识到了，他们实际上不会说对方的语言。梅尔说爱尔兰语，到目前为止只会一两个英语单词。当他们碰巧说出了几乎相同的事情，但不理解对方的意思时，这点就会更明显了。

梅　　尔　草一定是湿的。我的脚都湿透了。

约兰德　你的脚一定湿了。草都是湿了。

这种对话让人想起贝克特或品特（Pinter），两个人之间有对话但没有任何真正的交流。当然，这里的原因不同，问题来源于两者缺乏共用的语言。该剧的一个规定是说爱尔兰语的人物实际上用英语说台词，以便观众能够理解他们在说什么。当对话中梅尔说话时，观众听到的必须是爱尔兰语。

她记得几句英文，包括她姨妈教给她的一句话。这成了幽默的源泉，因为约兰德的反应（实际源起于她不经意间和他的家庭背景建立了联系）让她觉得自己可能说了些什么"脏话"。

梅　　尔　嘘！（她伸手示意安静 —— 她正在努力想起她的那一句英

文。现在她想起来了，她说得好像英语是她的母语一样 —— 轻易、流畅、日常）

乔　治　在诺福克，我们在五朔节花柱附近玩。（原文如此）

约兰德　我的老天，真的吗！ 我妈妈的老家就在那儿 —— 诺福克。实际上是诺维奇镇。说诺维奇镇不准确，应该是一个小村庄，名字叫小沃辛厄姆，就近靠着诺维奇镇。但我们温法辛村也有五朔节花柱，而且每年 5 月 1 日 ……（他意识到什么并突然停了下来。他盯着她。她误解了他的兴奋）

梅　尔　（对自己）老天！ 我的玛丽姨妈不会是教了我一些脏话吧？

[停顿，约兰德向梅尔伸出他的手。她转身离开他，慢慢走过舞台。

[现在轮到约兰德试图找到一些她听得懂的单词来克服交流障碍了。到目前为止，他唯一会的爱尔兰单词是地名。他轻轻地、试探性地说了一个名字，试着使自己的声音听起来能够得到她的回应。她停了下来，听着，然后转身对他说。

[他们现在正在面对面 —— 几乎不知不觉地走向彼此。

梅　尔　Carraig an Phoill.（卡瑞格·安·福尔）

约兰德　Carraig na Ri Loch na nEan.（卡瑞格·纳·瑞·洛赫·纳·恩）

梅　尔　Loch an Inubhair. Machaire Buidhe.（洛赫·安·伊努瓦尔、马赫尔·布伊）

约兰德　Machaire Mor. Cnoc na Mona.（马赫尔·莫尔、克诺克·纳·莫纳）

梅　尔　Cnoc na nGabhar.（克诺克·纳·纳加尔）

约兰德　Mullach.（穆拉赫）

梅　尔　Port.（波特）

约兰德　Tor.（托尔）

梅　尔　Lag.（拉格）

　　　　　（以上为爱尔兰地名）

[她向约兰德伸出双手，他牵住了她。两人都在自言自语。

约兰德　上帝保佑你能听懂。

梅　尔　温柔的手；一位绅士的手！

　　这种爱尔兰语的交流让人联想到第6章描述的戏剧练习，两个参与者被要求只使用一个单词或使用一周中天数这一组词进行交流。表情、语气、非语言符号和语境有助于传达意义。从某种意义上说，这是对戏剧这种艺术形式的歌颂，它利用了一套复杂的相互联系的符号，而不仅仅是台词。这种交流既暴露了台词的局限性，也彰显了台词的可能性。台词是"理性的"也是"感性的"。在这种情况下，因为剧本给了一个宽泛的情境，词语的选择被赋予了更多的感触。

　　转变发生在1830年的爱尔兰，当时英国军队对该国进行了一次地形测绘，改变了所有的地名，将所有地名英国化。约兰德是负责这项工作的士兵之一。他的任务是记录每个爱尔兰语的名字，"每个山丘、溪流、岩石，甚至每一块拥有爱尔兰名字的土地"，然后通过或转换成近似的英语发音把它"英语化"，或者直接翻译成英语单词。在某种程度上，这出戏可以被看作爱尔兰语死亡的象征，并揭示出"语言（的丧失和控制）与政治（的暴力和强权）之间的联系"。重命名行为可以被视为文化的帝国主义和压迫的一种形式。尤朗失踪时，英国士兵在戏刚开始的友好态度便不复存在；英国指挥官威胁要射杀所有牲畜，并开始清空和铲平所有房屋。

　　然而，仅仅认为这出戏是在讲"压迫和掠夺"，就忽视了它作为艺术作品的部分细腻之处和影响力。梅尔这个人物表现出的对语言的态度很模糊。她想学会英语，这样就可以去美国旅游了。"我们都应该学习说英语。

我妈妈就是这么认为的，我也是这么认为的。丹·奥康奈尔上个月在恩尼斯也是这么说的。"派因（Pine）在讲述这出戏的历史背景时指出，民族主义者对爱尔兰语言的看法是两极分化的。他引用了奥康奈尔的话：

> 尽管爱尔兰语与萦绕爱尔兰人心中的许多回忆联系在一起，英语作为所有现代交流的媒介，却具有那样卓越的效用，它太好了，以至于我可以看到人们毫不惋惜地逐渐弃用爱尔兰语。

当地学校校长的儿子欧文正在帮助士兵进行重命名的任务，加强了其中含混不清的意味。不能简单地把他看作背叛本国人民的通敌者，他其实并没怎么意识到自己的行为带来的恶性后果。这部戏与语言、意义和个人身份，与政治和帝国主义同等相关（甚至更多）。在士兵看来，测绘和更名任务是一件逻辑简单的小事，是理性、干脆、高效、有序的重组。它被视为"军事行动"。测绘成了对一种过程的隐喻，即通过追求准确性和标准化，将丰富而有质感的文化简化为两个维度（英国和其他地方的教育状况也是如此）。

马努斯　兰西（Lancey）说的话没什么不确定的，他说这就是一个军事活动，欧文！然后约兰德是干什么的？我们这儿的地名有什么问题吗？

欧　文　没什么。他们只是想要标准化。

马努斯　你的意思是全换成英文？

欧　文　如果有歧义，就会被换成英文。

兰西对当地人机械枯燥地描述这个项目：

国王陛下的政府下令对整个国家进行有史以来第一次全面调查，这是一次全面的三角测量，包括详细的水文和地形信息，要求精确到6英寸到1英里的范围内。

整个项目基于语言只是一个命名过程的假设。约兰德被描述为"命名者"。要求是"最新和最准确的信息"。效率、有效性和操作性是最必要的（见第3章）。语言具有"浮在表层"的含义。根据欧文的说法，只要给一个东西冠以名字，然后"砰的一下它跃入现实世界"。角色休体现了对立的态度，他以一种更复杂的方式看待语言，即在特定的文化语境中衍生出意义。"英语"，他说，"无法真实地表达我们"。休承认语言的偶然性。"塑造我们的不是文字叙述的旧事，不是历史的事实，而是这些过去在语言中体现出来的痕迹。"具有讽刺意味的是，欧文表达了一种感性的看法，成为全剧中相当重要的一句，即"意义的不确定性是诗歌的起始"。但欧文并没有把这种真知灼见运用于他承担的任务中。事实上，是约兰德发现了他们测绘项目行为背后的真相。

欧　文　我们正在制作一张6英寸的国家地图。这很可疑吗？

约兰德　这里并不 ——

欧　文　我们正在取代一些令人混淆的地名并且 ——

约兰德　谁混淆了？人们混淆了吗？

欧　文　—— 我们正在尽可能准确和谨慎地标准化这些名称。

约兰德　有些东西正在被侵蚀。

正是约兰德开始看到语言在文化中根深蒂固的位置，作为一个外来者，仅仅是学习语言不会让其被群体接受。

约兰德　即使我确实说爱尔兰语，我在这也是外人，不是吗？ 我可能可以掌握这个语言作为口令，但这里的人们还是会排斥我，不是吗？ 这里的隐秘的核心永将是 …… 封闭的，不是吗？

剧中呈现了两种截然不同的语言观。一种是逻辑性强、能指的、直截了当的。语言通过将名称附加到对象上而具有意义，因此进行任何认为有必要的修改都是出于高效组织的考虑。另一种是以更丰富、更有机的方式看待语言，把它放到文化语境中。在结尾，休同意教梅尔英语时，他告诉她不要抱太大期望。

我可以教你有用的单词和语法。但这能帮你解读不同的隐私吗？
我不知道。这就是我们的全部。

休（Hugh）在这里提到的不是"个人的"而是"文化的"隐私。他认识到现代世界的需求："他愿意帮助 —— 他把自己的意志寄托于此 —— 那些像梅尔这样受惊吓的孩子，他们需要学习一首新歌，才能重拾信仰。"剧中的意象呼应了对语言的哲学解释。这些都是本书中反复出现的主题，现在对其进行更详细的探讨。

语言与逻辑

　　语言已经成为本书的一个鲜明的主题。焦点一直不侧重于戏剧在发展语言方面的价值（当然这是很多戏剧相关的书籍中比较普遍关注的问题），而是研究语言和意义的观点可以为理论和实践产生影响。这一节将更详细地研究一些背景思想，并回顾之前各章研究过的一些课题。

　　许多研究者已经讨论了可以被十分宽泛地称为"语言和现实之间关系"的问题，这是许多后现代和后结构主义著述的共同主题。然而，维特根斯坦的作品尤其具有启发性，因为他早期的作品包含他后期所拒绝的观点。第2章指出，许多关于语言的哲学写作都是针对旧思想的，而且如果不加以思考，就将其带入日常的讨论和实践中，可能会造成问题。某些后现代主义文章向简单的相对主义的退化，也是出于这个原因。因此，对维特根斯坦所背离的传统的简要探究，将有助于理解他后来哲学的激进观点。

　　在接下来的讨论中，存在这样一种危险，即提供太多的细节以至于焦点变得模糊，或提供太少的细节，因而无法妥善对待中心思想。无数的书和文章都围绕维特根斯坦写作，再度解释他的工作，质疑先前的说法，并质疑其他人写的东西。然而，如果不更系统地研究他的想法，而只是被动地引用，就是不能强调他的思想对作为整体的现当代教育和作为局部的戏剧教学的重要性。这正是本书的一个观点，即维特根斯坦对于戏剧教学的理论和实践有着重大意义，尽管他的全部名声都来自晦涩的理论。

维特根斯坦的早期哲学在《逻辑哲学论》(*Tractatus*)中有所描述，这是他一生中唯一发表的著作。它由七个主要命题组成，每个命题都有编号的小节；整本书逻辑严谨，并以精细的结构排列，反映了它的主要问题。维特根斯坦在书中发展了一种意义上的图像理论。换句话说，他试图用语言与世界之间的共同结构来表现它们的对应关系。支撑这一目标的观念是，因为我们使用语言来谈论世界，所以语言必须以严格的逻辑方式与世界相联系，语言与它所代表的东西之间必然存在逻辑对应关系。

语言由名称构成的命题组成。相似地，世界也由事物构成的"事实"组成。格雷林(Grayling，1996：26)把他的观点总结如下：

> 事物是世界的最终成分，用语言的最终成分表示为名称；名称组合形成基本命题，对应不同的事态；然后每一个基本命题又进一步组合起来，分别形成命题和事实，在某种程度上可被解释为命题"图像"。①

《翻译》中地图测绘的比喻用在这里是恰当的。地图以合乎逻辑的方式对应或反映世界。兰西把地图描述为"纸上的表象 —— 一幅画"。同样，语言以严格、逻辑、同构（一一对应）的方式代表现实。芬奇将维特根斯坦《逻辑哲学论》中的方法描述为一种"抽象方法"。在这样做的过程中，他将维特根斯坦与哲学传统联系起来，这种传统通过使用正式的符号，越来越多地将数学、逻辑和科学理论从"自然、文化和传统"中剔除。为了本讨论的目的，维特根斯坦的探索与答案可能和对他错综复杂的理论的细致理解同样重要。维特根斯坦把语言描述成有逻辑的、精确的，是一种"演

---

① Grayling, A. (1996) *Wittgenstein*. Oxford: Oxford University Press. (First published in 1988 by Oxford University Press.)

算"；可以说的话完全可以说清楚，"说不了的话我们就沉默不提"。这是一种独特的形式主义观点。芬奇说，维特根斯坦早期的哲学"创造了一个严谨精确的上帝"。

语言与意义

彼得斯（Peters）和马歇尔（Marshall）把维特根斯坦在早期写作中的探索称为对"逻辑的纯洁性"形式的追求。他们引用了伊格尔顿（Eagleton）的小说《圣徒和学者》（*Saints and Scholars*），这本小说以文学的、象征性的形式捕捉到了促使维特根斯坦改变想法的时刻。

> 一天，一位朋友为维特根斯坦拍站在参议院的台阶上的照片，他问自己应该站在哪里。"噢，大概在那儿。"朋友回答道，漫不经心地指了一个地方。维特根斯坦回到自己的房间，躺在地板上激动地翻来覆去。"大概在那儿"，这句话为他开辟了一个世界。不是"那块石头左边两英寸"，而是"大概在那儿"。人类的生活充满了大概，而不是精确的测量。为什么他以前不理解这个？他试图清除语言中的模糊性……随意和模糊不仅不是缺陷，反而是世界的运转之道。[1]
>
> —— 伊格尔顿

《哲学研究》（*Philosophical Investigations*）开头对奥古斯丁（Augustine）的引文体现了他正在挑战的"符合常识"的语言观。奥古斯丁描述他小时候是怎么学习语言的："当他们（我的长辈）叫出一些物品的名字时，相应地会

---

[1]　Eagleton, T. (1987) *Saints and Scholars*. London: Verso.

走向那些东西，我看到这，就意识到东西被叫作他们想要指出它们的时候发出的声音。"

维特根斯坦认为这个说法太简单，主要有两个原因。它把所有的语言都当作名字，现实显然不是这样。但更重要的是，即使在命名的情况下，维特根斯坦也认为，意义是通过使用而产生的，通过文化中的协议或"生活形式"产生的，而不仅仅是通过将名字附加到世界上的物体或现象上来实现的。认为语言在一种生活形式中具有意义，这种观点与语言仅作为一种符号系统的观点完全相反。它强调语言根植于人类有意义的行为（包括非语言行为）中。

维特根斯坦经常引用的语言游戏和族群相似性的概念，是他接受"模糊概念在普通生活中完全可行，不需要完全精准地巩固（除非必须为某些特定目的进行构建）"的部分体现。大部分西方哲学的历史，对维特根斯坦而言，可被视作试图将语言从它的日常用途中分离出来，并在以前没有问题的地方制造问题。

维特根斯坦在他的写作中非常注重他所认为的"虚假二分法"，这种二分法主导了早期的哲学写作，例如主观性和客观性、思想和身体、内在和外在经验之间的区别。他的研究证明语言看上去提供给我们的选择，实际上是错误的，这种错误源于特定的被误导的关于语言如何获得意义的观念。他的研究提供的免于语言专制的自由，与理论和实践问题相关，因为它清楚地表明，没有必要在相互冲突的概念之间做出选择，或假设看上去能指的单词必然是如此的。我们有"戏剧教育"这个词，我们试图定义一组与该词相对应的实践，但没有成功。维特根斯坦对哲学的目的的看法不是通过理论强加秩序，而是发展那些通过观察已经存在的联系。

许多关于戏剧教学的传统论点来源于特定的概念定义。概念没有明确的界限，而是通过一个"族群相似性"的过程来产生联系，这一事实影响了戏剧。

> 例如，我们称之为"游戏"的过程，比如棋盘游戏、纸牌游戏、球类游戏、奥运会等等，它们都有什么共同点？不要说这种话：一定有共同点，否则就不叫"游戏"了，要注视和观察它们有什么共同点，因为你如果只是看看它们，那你会认为没有什么相似之处。[1]
>
> ——维特根斯坦

没有必要寻求一个可以适用于所有情况的单一的"戏剧"定义，也没有必要假设一个词被人用来表达任何其想表达的意思（对族群相似性的常见误解）。重要的是要警惕这样的事实，即根据具体情况，以特定方式界定概念可能会有用，也可能会产生误导。正如维特根斯坦所说"我们可以绘制边界"，但我们不需要发现任何这样的边界来使这个概念"有效"。例如，在决定戏剧是否应该从属于其他艺术形式时，人们错误地花了许多精力来讨论戏剧是否必然存在所有艺术共同具有，而又与其他形式不同的特质。但是，没有必要建立所谓的定义性特征来使用这个概念，只要认识到戏剧更像音乐而不是物理学就够了。但是，除了希望戏剧保留独立学科地位之外，可能还有其他的原因。对"戏剧作为一种艺术形式"或"戏剧用于学习"的本质主义定义曾一度阻碍了一些教师将有用的技术引入他们的课程（哑剧、形体、舞蹈），因为这些被认为"不是戏剧"。赞成将剧场实践作为戏剧课程核心的论点，有助于强调该科目在公共文化方面的作用，但如果采用的"剧场"定义过于狭隘，可能会导致实践形式的限制。认为戏剧艺术形式公共产品中表现出来的观点取决于"戏剧艺术"的定义，而这种定义是概念最初的定义方式带来的结果。

这些例子表明，我们不太需要定义术语，而是要关注它们更常用的方

---

[1] Wittgenstein, L. (1953) *Philosophical Investigations*. Oxford: Blackwell.

式，以及"为特殊目的"以特定方法而划定边界的后果。"戏剧"与"游戏"之间的关系在戏剧史上具有重要意义。这场远离"戏剧性游戏"的运动意味着，倡导者们对儿童游戏的心理学理论的关注越来越少，而更多关注为他们的研究提供理论基础的戏剧学和符号学的研究者。变化的重点可以概括为从"个人的"到更加"文化的"戏剧的功能的转变，这在某种程度上与维特根斯坦对"意义"的解释中从逻辑到文化的转变相似。

戏剧的文化功能持这样一种观点，即教学的目的是将学生引入社群，也就是维特根斯坦所描述的为创造意义的背景，或一个实践的网络。一种看待教育的方法是把它看作一种"生活形式"的入门。维特根斯坦没有给出确切的例子来说明他对这个概念的理解，但他把它与语言游戏的概念联系起来，这种语言游戏强调"语言是活动的一部分……"麦金恩做了以下解释：

把语言作为一种生活形式的观点，就像语言游戏的观点一样，与把语言作为一种抽象符号系统的观点相对立；它再一次突出了这样一个事实，即语言是嵌入在一个重要的、非语言行为视域之中的。因此，正如"语言游戏"这个术语意欲激发语言用于说话者非语言行为这一思想，"生活形式"这一术语也是要体现语言和语言交流嵌入了活跃的人类行动主体明显结构化的生活。①

尽管精确解释维特根斯坦所说的"生活形式"这个词时存在不确定性，但它可以有效地扩展到戏剧领域，因为它意味着学生需要被引领到一个有自己的规则、习俗和惯例的实践活动中。使用如此笼统的术语，可以避免假设戏剧的文化功能必然等同于一种特定的实践形式。这样，就可以

① McGinn, M. (1997) *Wittgenstein and The Philosophical Investigations*. London: Routledge.

很容易地和接受传统的表演创作一样接受"过程"戏剧。重要的是学生被引向知识的形式（包括例如戏剧惯例），对他们来说，这些形式在某种意义上是外部的。另外，戏剧的个人功能更多基于"给予"了什么，并认识到儿童具有戏剧游戏的自然倾向，且需要培养。正如第5章所建议的，发展模式本身是不适当的，因为它没有给出适当的教育或教学概念。

这两种对戏剧的解释方法在戏剧教学史上很常见，与其他二分法一样被认为相互对立，或者像近年来更常见的那样，将其作为无解的问题而置之不理。但是，维特根斯坦在面对看似互斥的命题时提出了有用的观点（例如，戏剧是"游戏"和"非游戏"）。通过逻辑，我们知道一个命题不能同时既是真又是假（排中律），但语言并不简单地受这种法则限制。

> 排中律是指：它一定是这样的，或者那样的。所以不言而喻，它的确什么也没说，只给了我们一幅画面。而问题不应该是现实是否符合这个画面。这个画面似乎决定了我们需要做什么，要寻找什么，以及如何做 —— 但它并非如此，只是因为我们不知道如何应用它。这里说"没有第三种可能性"或"不可能有第三种可能性"，表达了我们无法将视线移开这个画面 ……[1]
>
> —— 维特根斯坦

这种关于语言和意义的看法还产生了一些其他的后果，这些后果已经在本书的一些章节中提到了。它阻碍了我们看到戏剧外部动作的背后，从而阻碍我们识别它与个人感受和意图相关联的品质。彼得斯和马歇尔将维特根斯坦后来的思想描述为独特的后现代主义，因为它不再坚持"一些仍然隐藏着的东西 —— 一种晶莹的、纯粹的逻辑本质 —— 在指导我

---

[1] Wittgenstein, L. (1953) *Philosophical Investigations*. Oxford: Blackwell.

们的思想、语言和文化"的观点。他的观点帮助我们看到，试图通过建立一个包罗万象的元语言或元叙事法则来创建一个绝对的戏剧理论是错误的 —— 这样的理论将会试图从涵盖它的语言中逃走。

维特根斯坦对语言的观点也有助于我们看透"客观性"的问题，这个问题与已经困扰过很多研究者的评价有关。

> 除了所有语言、文化和人类规范，本应该为所有真理和意义设定标准的"客观性"不再对维特根斯坦造成困扰。客观性是现在人类在语言和行为上达成一致的产物。（如果我们坚持认为在这一过程中"缺失了什么"，那可能是因为我们还没有看到意义构建的语言的充分性、完整性和无根据性）[1]

—— 芬奇

很多当前的教育政策和实践中存在一个隐含的假定，即要解决评估中的客观性问题，就必须要保证标准和描述词的正确。因此，我们创造了更复杂的格式、结构和定义，试图用它们精准的确定意义。在评估教师的能力和标准方面存在着一种天真的看法，即似乎仅仅通过采用一种共同的语言来达到标准，就可以产生共同的理解。例如，我们如何解释像"为学生的行为设定高预期"这样的标准？如果我们开始剖析这一说法，并通过示例来解释，我们就不可避免地开始比较价值观和优先级。语言只有在文化或社群的实践中才具有意义，因此，评估只能通过行动和共同评价来适当进行，而不能仅依靠文字形式的交流标准就做出判断。

也许最重要的是，维特根斯坦的语言和意义的观念对诸如"感受"和"理解"这样的概念提出了深刻见解。这些概念曾在戏剧教育史中制造了

---

[1]　Finch, H. L. (1995) *Wittgenstein*. Dorset: Element Books.

许多难点。对于"感受是什么""理解是什么"这样的问题，适当的答案是它们是单词。起初，对这个问题的探寻似乎极其幼稚或顽固，但是利用这些概念和洞察力，部分问题得到了解决。第6章讨论了将"理解"解释为一种活动（或更错误地解释为心理活动）的消极后果，理解不是要么全有要么全无的事。有人提出，浅层学习（如背单词）可能是迈向更深层次学习的一个重要部分。同样受到关注的还有我们对"感受"的理解取决于它在语言中使用的方式，这一问题我们将在第9章展开讨论。

对语言和意义的关注也解决了戏剧中与"自我"概念相关的问题。当人们假定这里使用的是"个人的"一词的日常意义时，就容易产生误解，并且有时实际已被误解了。维特根斯坦反对的是绝对化的个人的概念。比方说，这不是一个人们选择坚持个人思想和价值观的问题。私人 / 公共的二分法有时以这种说法被错误地表达出来。正如芬奇所说：

> 要摆脱形而上学的个人自我，不再以这种方式思考或体验世界，实际上是为了拥护支持真正的（即相对的）自我。前者是监狱，后者是选择。[1]

维特根斯坦对私人语言的反对观点体现了他对形而上学的个人自我的主要攻击焦点。私人语言是"指只有说话的人知道的东西，是直接的个人的感受"。他问，我们能这样吗？

> 想象这样一种语言，在这种语言中，一个人可以写下或者说出他的内心体验，包括他的感情、情绪等等，却仅对自己起作用？好吧，我们难道不能用普通的语言这样做吗？但我并不是这个意思。这种特

---

[1] Finch, H. L. (1995) *Wittgenstein*. Dorset: Element Books.

殊语言的单词只有使用者才知道是什么意思，是他独有的感受，对另一个人来说就是不知所云。

当语言的意义依靠联系个人经历获得，这种语言才是有可能存在的。一种对私人语言可能性的反对意见是，不能保证使用该语言的一致性。为了做到这一点，需要在人与人之间达成协议的情况下制定正确性标准或规则。这一论点所依据的事实是，语言很大程度上在外部公共语境中具有意义。

自我是"向外"而不是"向内"成长和成形的。我们依据我们使用的语言，定义自己与他人的关系。戏剧本质上是一种社会性的和对话性的活动，针对意义在表面上进行沟通。只要我们在这种情况下看到意义的公共属性，说戏剧是关于理解自我和我们与世界的关系就是合理的。"通过自己所谓的感觉、态度、愿望等等，如何将我置于我所学的公共语言的语法中，才能让我们理解生活、感受和态度。"[1]

---

[1]　Wittgenstein, L. (1953) *Philosophical Investigations*. Oxford: Blackwell.

语言和戏剧

戏剧作为一种艺术形式进一步揭示了这些关于语言和意义的真理。在戏剧中，语言显然不是在外化内心思想，而是在人与人之间产生意义。戏剧这种艺术形式不是以"通往可能的世界在概念上的入口"而是"物质上的入口"来运作的，在一定程度上，这是其力量的来源。换句话说，"构建出的世界"被"展示给观众"。虽然戏剧的符号系统很复杂，但通常最能直接呈现给观众的往往是语言。戏剧并非基于简单的表现或描绘从而与现实世界相关联（《逻辑哲学论》中对语言和意义的看法），而是通过影响语言使用的更复杂的方式。

自然主义戏剧给人的印象是，语言的使用方式与现实生活中基本相同，但是仍有一些明显的区别。多数情况下，交流的语境必须通过角色所说的话来确定，这就是为什么在儿童戏剧中应该避免过度使用旁白，因为它往往会使这一活动从戏剧体裁转向叙事体。《翻译》的开场对白和单词的对话建立了刚好够用的可以使交流发生的语境；随着场面的发展，更多规定情境被展开，出现了更多我们不认识的角色。我们还不知道他们是谁，也不知道他们在剧中是否重要。

马努斯　我们做得很好。我们要再来一次 —— 只是再来一次。现在 —— 放松，吸气…… 深吸气，然后呼出来…… 吸气…… 然后呼出来。

［莎拉倔强而强烈地摇摇头）

马努斯　来吧，莎拉。这是我们的秘密。

［莎拉再一次有力而倔强地摇了摇头）

马努斯　没有人在听。没人听得见你。

吉 米　"阿瑟娜·格劳科皮斯·阿瑟娜"。

马努斯　把你的嘴巴和舌头用起来。"我的名字是 ……"加油。再试
　　　　一次。"我的名字是 ……"好姑娘。

莎 拉　我的 ……

马努斯　很好。"我的名字 ……"

莎 拉　我 …… 我 ……

马努斯　抬起头，喊出来。

吉 米　"所有的海克洛斯都是在阿特里达岛" ……

马努斯　求你别闹了，吉米！再来一次 —— 就再来一次 —— "我
　　　　的名字是 ……"好姑娘。现在来。抬头。张开口。

　　我们发现了一个"已经在运作的动态世界"。人称代词的使用更强化
了这一点，这些代词建立了戏剧的一个关键要素，即生活在我们的面前是
以行动而非叙述呈现的。马努斯试图教莎拉说话的情境被建立起来了，但
该剧更广泛的主题的意义尚未清晰。不过，作为观众中的一员，我们知道
将要建立的意义并不存在于这部戏的世界之外，而是会随着戏剧的发展而
演变的。

　　在过程戏剧中，作品中特定组成部分（例如小组戏剧创作）的意义不
能独立于作品的其余部分而存在。上一章开头关于表演的例子也是如此。
基于史蒂维·史密斯的诗《不是挥手而是求救》的创作并非独立存在，而
是和小组创作的戏剧相互配合。基于教师扮演流浪汉角色的戏剧和爱尔兰
马铃薯大饥荒创作的例子也是如此。在每个案例中，具体的展示都与工

作坊活动中创造的更广泛的情境有关。这是一种常见并有效的工作方式。然而，学生（特别是那些在戏剧方面经验更丰富的学生）需要具备创作独立的戏剧的经验，这种戏剧中的意义随着戏剧的发展而展开。只有这样，他们才会被要求思考他们自己的创作解释，这也是戏剧艺术的一个重要元素。

过去，我和其他作家一样认为戏剧对语言的发展是有价值的，因为它为学生提供了丰富的语境，可以让学生使用不同的语域，虚构的语境可以在语言的使用扩展时提供保护，这种观点仍然存在。然而，看到戏剧对语言的重要性还有一个更根本的原因，它不仅关系到语言的发展，而且关系到价值观、态度和理解。参与戏剧（作为创作者或观众）是以承认语境、文化和价值观的方式参与了意义的建构。戏剧让我们认识到意义不是理所当然的，要看到意义背后的东西以及探索差异。

戏剧与识字

出于这个原因，戏剧是一种重要的矫正最近引入英国中小学识字教学策略中过度的功利主义的方法。在这里，语言在技术上的功能被剥夺，形式和结构占主导地位。准备一个基于诗歌《劫匪》的语文课程单元时，我被迈考特（McCourt）的《安吉拉的灰烬》（*Angela's Ashes*）中年轻的弗兰克对这首诗的感触所打动。在他住院时，一个名叫帕特里夏的年轻女孩每天给他背诵一段诗，他在诗读到结尾前就去世了：

> 每天我都迫不及待地等着医生和护士们离开，这样我就可以从帕特里夏那里听到一段新诗，并了解到强盗和地主那嘴唇鲜红的女儿发生了什么。我喜欢这首诗，因为它令人激动。强盗之所以被英国士兵追杀，是因为他们知道他告诉她"我会在月光下来找你，即使地狱封锁了道路"。①

我看到一份商业出版物把这首诗歌和语文课程联系起来，而诗的内容在很大程度上被忽视了，学生们不得不将诗词浪费于学习拼写、格律和修辞手法，如拟声和隐喻，而并不真正理解内容和形式如何结合起来形成意义。不可避免的是，教学大纲本身认定教师应该以"学生高水平的学习动

---

① Frank McCourt.(1996)*Angela's Ashes*. Scribner.

力和积极的参与"为目标。对文本层面以及对单词和句子层面的强调是为了保持对意义的关注。然而，这里的明确信息违背了诗歌表达策略中的潜台词，逻辑和理性被列表、目标和结构主导，内容从属于形式。

　　一旦新扫盲运动的狂热者能把阅读拆解成编排一连串的阅读提示（语音、图形、句法、语境），知道字形／音素对应，了解字形／音素的对应关系，按正确的顺序阅读文本，逐页，从左到右，从上到下；在阅读／讲故事时指读——他们的任务就完成了。文学被拆开检查，就像一辆汽车的发动机被拆开，放在车库地上展示一样。这并不是说学习这些东西没有价值，这一点至关重要。知道字形／音素对应关系可能也很有用（且很有趣）。但这和把这些技术当作技能在语文的概念中突出强调出来远远不同。[1]

—— 布莱克

　　有意思的事实是，教师对语文课程的反映五花八门，且并不依照常见的"'传统的'和'激进的'"观念而分野。欢迎和谴责它的教师几乎一样多，这些教师对教育和语言的观念也各不相同，其原因在于战略本身。例如国家课程，它既不保证也不抑制良好的教学，它只是一个等待在课堂上被赋予生命和活力的"台本"，其中语言的知识可以和阅读与学习文学的兴致很好地结合起来。

　　当然，文学课程提醒人们注意语言缺乏透明度（与策略中的功能列表相反）。但戏剧起着特殊的作用，因为它更接近于体现"现实生活"。下一章将讨论戏剧在多大程度上能够代表现实世界。

---

[1]　Blake, N. *et al.* (2000) *Education in an Age of Nihilism*. London: Routledge.

第 **9** 章

戏剧与美学：再现与表达

再　现

表　达

　　不同年龄组的学生被要求创作一部戏剧并表演给其他同学看。每组的主题是一样的：一位外国青年交换生寄宿于英国的一个家庭。一些小组的表演中，（一名学生扮演的）外国青年利用简短的独白讲述了他在寄宿期间发生的事情。独白结束之后，演员们表演了这个过程中发生的一些事情。剧中描述的事情都是非常简单、平凡的日常生活，没有特别戏剧性的事情发生：做作业、看电视、吃饭、踢足球。然而，无论是做什么事，来访的外国青年都会在不经意间感到不舒服，从而产生额外而微妙的紧张感。戏剧性的内容并非来自大型事件或情感波折，而是来自与人物关系相关的一些小事、小误解：这更像是简·奥斯汀（Jane Austen）的风格（如果她是个戏剧家的话），而不是托尔斯泰的风格。

　　要求一个年轻人扮演外国游客的角色显然有风险，例如刻板印象和脸谱化。最后在演出之前，老师进行了大量的"舞台布置"和工作坊活动，包括：在参演时进行直接讨论"刻板印象"的游戏；画面定格；采访由老师扮演的外国游客，以及独白的准备。因此当学生们（戏剧俱乐部的成员，由不同年龄段的学生组成）创作最终作品时，表演外国游客已经不成问题。同时，由于这出戏侧重于表现游客在外国如何产生疏离感，观众对内容的代入感非常强烈，任何负面的刻板印象都不太可能出现。剧中描述的情况其实十分常见，但学生们解释了为什么游客会感到不舒服。例如，本国人假设所有法国人都对法国足球运动员很了解并且很关心。他们毫不顾忌地使用浓重的东北口音和方言。撒上醋汁的炸鱼、薯条被包在报纸里递给游客，而且店家没有对这种令人不适的行为提供任何解释。他们还自作主张地认为，游客能理解而且很乐于看电视上的肥皂剧。这些例子是不是都是真的并不那么重要，重要的是发现人们如何在不自觉的情况下对外国人造成文化冲击。在每一个案例中，学生们都在"再现"现实生活中的事件。因此，"再现"在多大程度上可以作为一种审美艺术，并足以被称作戏剧呢？

再　现

很明显，再现的概念与绘画有关，图画描绘了世界上的某些事物。这与维特根斯坦早期关于语言和意义的论述并没有什么不同，语言"图片化"或"镜像化"真实世界。柏拉图在《理想国》中把人们通过模仿工匠来学习技能的过程描述成"镜像化"的过程。

最迅速的莫过于将一面镜子转来转去了 —— 你很快就会在镜子里创造出太阳、天空、大地和你自己，以及其他动植物，还有我们刚才说过的所有事物。

在柏拉图的哲学中，现实高于表象，因此模仿艺术家永远无法达到理想状态。然而，在西方传统中，"图像化的模仿很快就成了再现的标准……并且至少在整个文艺复兴时期被认为是常识"。"再现"的"简单"版本假定了一定程度的透明度。与后来的作家们的观点不同的是，它承认"纯粹"的视像。这与康德的基本思想相悖，即艺术家所看到的取决于艺术家的主观视角；纯粹的模仿是不可能的。与柏拉图相呼应的另一个反对意见是，即使对现实世界的简单模仿是可能的，也没有意义。这仅仅是复制。正如维罗恩（Veron）在1979年所说，"如果艺术家真能把自己降低到一台复印机的水平"，他的作品将是"卑躬屈膝的作品""低于现实生活"。为了回答这个问题，一些艺术家和理论家将再现的过程视为一个理想化的过程。艺术不仅仅是复制现实世界，更是为走向更高层次的现实指明道路。

我们在与艺术相关的领域说"再现"时，通常都是指绘画（其他的一些艺术形式，例如音乐，与"再现"就没有什么关系），但由于二者的相似性，戏剧也可以利用"再现"进行解释。说到底，戏剧的一个目的似乎就是"为现实立起一面镜子"。"再现"至少提供了对艺术的部分解释。莱亚斯指出人们对日常生活中的"再现"有巨大兴趣。

> 对"再现"的兴趣和我们对美学的投入一样无所不在。人们在伍尔沃斯买画，因为"再现"有强大的吸引力。正因为人们痴迷于"再现"，基韦斯特的海滨肖像画家才能利用画作进行交易。人们似乎不自觉地会被墙上、火车上和桥上"再现"式的涂鸦吸引。人们对于"再现"这个世界的冲动永无止境，贪得无厌地欣赏别人对于世界的重现，而且大家倍加珍视那些有"再现"天赋的人们。这些都表明，在任何艺术形式中，"再现"都很重要。[1]

我们可以说，上文中所举的这些例子根本不是艺术。然而，莱亚斯的优点在于，他在书中不断地寻找"高级艺术"与艺术的本源——人类自发的创作（我们曾在第3章中讨论这一点）之间的联系。一个关于绘画或者关于艺术的理论，如果只考虑高度抽象的作品，而不去考虑那些简单的再现的话，一定是有问题的。同样，对于戏剧来说，我们要承认它的魅力之一就是对现实生活的再现。但随着潮流的变化，这一明显的事实也会被人们所遗忘。如果我们发现，现在的戏剧教学中，教授更倾向于非自然主义的话，那么就可以认为，这基本都是对20世纪70年代自然主义占主导地位的过度回应。

然而，重要的是，我们要认识到，通常真正使学生对戏剧感兴趣的是戏剧对现实生活的再现程度。当然，对幼儿来说更是如此。现实题材电视

---

[1] Lyas, C. (1997) *Aesthetics*. London: UCL Press.

剧很受大众的欢迎，现实主义戏剧对学生也很有吸引力。但我们不能将两者都仅仅视为不成熟的低级趣味。然而，在20世纪50年代和60年代，出演戏剧的主要动机就是纯粹的模仿或再现，这也解释了为什么当时的许多作品都很空洞。学生们被要求模仿动作，表演戏剧故事和哑剧，以便尽可能地模仿现实生活。

"再现"可以被视为对艺术的部分、不完整的解释。它需要与"表达"的概念一起研究。

表　达

　　我们已经在第6章中讨论了表达和感受之间的关系。"表达是艺术理解的核心"这一思想起源于自我表达理论。人们认为艺术家的情感在自己的作品中得以表达，然后在有相同情感的观众的心中被唤起。对于情感的交流，第6章中叙述了这种简单的理解，并总结了许多意见建议。

　　有关表达，一种更复杂的艺术理论认为，艺术家是在艺术作品中表达情感或感受的人。这与自我表达观点不同，因为他否认了艺术家所表达的和观众所体验的情感是一样的。艺术家想通过艺术形式来"阐释"感情，以此完成"表达"。科林伍德（Collingwood）、克罗斯（Croce）和朗格（Langer）等作家提出了不同版本的表达理论。科林伍德认为，工艺和艺术之间的区别是"再现"和"表达"之间的区别。他认为"再现"是"一种技巧，一种特殊的工艺"。他还区分了再现和模仿。

　　　　一件艺术作品如果与另一件优秀的艺术作品相似，则可以称它为模仿；而如果它与自然界中的"非艺术品"相似，那么它可以称为再现。[①]

　　然而，我们可以说表达超越了再现：它更多地带有创作者的激情和情感信念；而再现只是像"工匠们"有条不紊、有秩序的工作。

---

① Collingwood, R. (1938) *The Principles of Art*. Oxford: Clarendon Press.

因此，我们关于表达的理论在艺术家和工匠之间形成了鲜明的区分：艺术家抓住特定情感未被发掘的独特性，努力把它表达出来，因此无法依赖蓝图或共识；而工匠则按照久经考验的原则，有条不紊地工作，创造出一种可独立确定的产品。①

虽然关于表达的不同形式的理论比第一段所提到的简单的自我表达理论更复杂，但它们也同样受到了批评。因为它们基于这样的假设：感觉存在于作品之中，不必依托于表达。

哈格伯格（Hagberg）认为美学中的创造性问题与语言哲学有相似之处。

艺术中的创造过程通常可以视为一个内在的实体，即一种特定的感觉或情感，通过一系列事件被赋予了外部的表现形式的过程。②

他借鉴了维特根斯坦关于表达和意图的文章，以表明传统观点是如何被误导的。在哈格伯格所提出的艺术的"翻译"模型中，艺术家工作的艺术媒介处于从属地位。在这个模型的指引下，我们无须关注画家在画布上的画作，或是雕塑家在基座上的雕塑作品，而是需要关注这些艺术作品背后的情感 —— 艺术家口中所谓的"表达"。

在《蓝皮书和棕皮书》（The Blue and Brown Books）中，维特根斯坦区分了"特殊的"（peculiar）和"特定的"（particular）两个词的及物和不及物的用法。"特殊的"一词的使用可能会产生歧义，因为它及物与否的两种用法很容易混淆。一种是初步的规范、描述或比较，另一种则不是。

---

① Mulhall, S. (1992) 'Expression', in Cooper, D. (ed.) (1992) *A Companion to Aesthetics*. Oxford: Blackwell.

② Hagberg, G. (1995) *Art As Language: Wittgenstein, Meaning and Aesthetic Theory*. Ithaca: Cornell University Press.

第一种用法我称为及物的，第二种为不及物的。比如，如果我说"This face gives me a particular impression which I can't describe（这张脸给了我一些我难以描述的特定的印象）"。后半句话想表达的是："这张脸让我印象深刻。"如果句子中用的是特殊的（peculiar）而不是特定的（particular），句子表达的内容也不会有什么改变。如果我说"This soap has a peculiar smell: it is the kind we used as children（这个肥皂有种特殊的气味，是我们在小时候用的那种）"，"peculiar"一词仅仅用作介绍，引出冒号后边与特定物品的对比，可以等同于"我告诉你这种肥皂味道是什么：……"。然而，如果我说"This soap has a peculiar smell（这个肥皂有种奇特的气味）"或"It has a most peculiar smell（这是我闻过味道最奇怪的肥皂）"，那么"peculiar"就表达了一种"不寻常""不常见""引人注目"的意思。

上边这些难懂的话和表达的概念有什么关系呢？当我们说艺术是一种表达的形式时，我们应该把它当作一种不及物的用法，即说某种艺术形式是"表达性的"，而不是假设艺术是在表达一种特定的情感。这种用法让我们不用精确地说明是哪种情感，这样一来，第6章所指出的戏剧的表达问题变得更加尖锐，因为在创作戏剧的过程中，我们面对的是真实的人的真实感受（无论是什么样的感受）。我们需要明白艺术到底是在关心一个人的表达，这也是关于"表达"的概念中最基础的部分。

这是否意味着学生"在戏剧中表达情感"是不正确的？介于这完全违背了前文中关于及物和不及物用法的讨论。如果语言在很大程度上是隐喻性的，那么说某种语言表达的形式不对是毫无意义的。关键在于与实际结合。如果我们把"学生在戏剧中表达情感"理解成教师需要在戏剧开始创作前激发学生们的情感的话，那我们就大错特错了。因此，我们需要揭示语言的欺骗性。

在本章开头外国游客的例子是刻意给出的，因为它的内容很平常，甚至有些乏味。而这部戏剧中表达的特殊之处在于，它从一个外国人的视角描述我们熟悉的内容，这让那些熟悉的内容变得"陌生"。正是戏剧这种艺术形式提供了更深层次的内容（用独白来构建表演，仔细地考量台词和形体动作，以求表达意思的细微差别）。这部戏剧体现或表达了疏离、沮丧、孤独、困惑等感情。学生是否直接感受到了这些特殊的感受并不重要。根据维特根斯坦的观点，"特定的（ particular ）"一词在这种情况下几乎没有意义。

对艺术的解释往往强调形式、再现或表达。然而，在描述戏剧作为一种美学艺术形式的功能时，所有这些概念都很重要。我们经常过于简化"美学"这个词，这个词不应仅指戏剧的形式元素。这种狭隘的简化会在教学及评估课程时产生可怕的后果，我们马上将在讨论贝克特的一部戏时阐明这个后果。

《大灾难》

贝克特的戏剧《大灾难》很短，只有四页。剧中有四个角色：戏剧导演、他的女助手、一位主角和灯光师卢克（唯一一个有角色名字的人）。这部作品讲的是戏剧导演对他的一部戏的最后一幕做最后的润色。由于贝克特的极简主义，我们不知道导演一直在做的戏剧是关于什么的，我们只是看到了创作的最后阶段。

《大灾难》是献给瓦茨拉夫·哈维（Vaclav Havel）的，并于1982年首演，当时他因为"颠覆国家政权"被关押在捷克斯洛伐克。因此，这部戏可以在一个层面上被视为政治隐喻。主角在整个剧中并没有说话，但他的存在可谓是为那些被压制、被剥夺尊严的人发声。主人公被导演和助理以一种不尊重人性的方式进行"加工"。他脱下了长袍，露出了里面老旧的灰色睡衣裤。随着剧情推演，导演让主角褪去更多的衣物，露出更多的肉体。除此之外，导演还指示主角需要染白所有露出来的皮肤。主角一步一步地被贬低、被非人地对待。

然而，由于我们正在看导演准备一场"戏中戏"的结局，所以，这部作品也可以被看作对戏剧创作中创造/审美过程的洞察。在一个层面上，这个戏探讨了审美意义是如何被创造的，因为这正是导演和助手在做的事情。然而，他们参与的这个工作不过是陈词滥调，是一种"戏剧性"的形式（见第7章）。导演穿着一件皮大衣，抽着雪茄。他是独裁导演的缩影（贝克特可能有政治隐喻），演员们等待着他的命令。助理点燃导演的雪茄，并遵循他的指示以完成他的实验。

> **导　演**　灯光。（助理回来，帮导演重新点燃雪茄，站着不动。导演
> 　　　　抽烟）
> 　　　　好。我看看。（助理不知所措。烦躁地）
> 　　　　开始吧。脱长袍（他看了看表）快点。我还有个会。
> ﹇助理走向主角，脱下他的长袍。主角不情愿地接受。助理退后，手
> 上挂着长袍。主角穿着旧灰色睡衣，低着头，拳头紧握。停顿。
> **助　理**　这样可以吗？（停顿）他在颤抖。
> **导　演**　不够。帽子。
> ﹇助理前进，脱他的帽子，退后，手上拿着帽子。停顿。

导演符合我们心中的刻板印象：他匆忙、烦躁、相当善变、有点矫情、不容易满足。正如斯戴斯所说，他喜欢用俚语和术语："快点 …… 可以试试 …… 走点心 …… 动起来 …… 观察 …… 棒极了！"正如斯戴斯所说，这是"当代现状"。毫无疑问，在一个更现代的版本中，他会说"酷""不错"或"妙极了"。

当助手胆怯地暗示可以加一个塞口布来改善主人公的形象时，导演表现得十分轻蔑。

导　演　天啊？ 你疯了吗？ 什么鬼？

［后来，当她非常试探性地暗示演员可以抬起头时，他也同样不屑一顾。

导　演　上帝呀！ 接下来做什么？ 抬高他的头？ 你当我们在哪儿？ 在巴塔哥尼亚吗？ 抬高他的头？ 上帝呀！（停顿）

这是一个幽默的讽刺。导演自负地认为只有他自己的想法才有价值；对于助理提出的建议，他的反应都过于夸张了。然而，这些交流的意义远不止于此。我们在"戏中戏"中看到的是审美创造的行为，是一种被认为愤世嫉俗地操纵戏剧来追求效果的行为。它只有形式，没有内容［导演的形象，与一位在为最糟糕的英国普通中等教育证书（GCSE）考试做准备的老师相似］。

作为贝克特戏剧的观众，我们不知道剧中导演所排的整部戏的内容，因为我们只能看到最后彩排时的调整过程。但这就是为什么导演的风格和语言如此重要，因为它们象征着真正关心以及真诚表达的缺乏。在贝克特戏剧的结尾，剧中的导演对他的作品很满意。"这就是我们的灾难，在包里。"但他所创作的戏剧是空洞的。主角抬起头盯着观众，远方传来暴风雨般的掌声，这场戏便结束了。

鉴于作者是贝克特，我们也可以在《大灾难》中看到造物主的隐喻。其中，导演变成了上帝，助手和卢克是帮助他的天使。因此，人们会以一种愤世嫉俗的视角看待人类的创造，并且认为人类的处境带有一丝悲惨和黑色幽默，即使剧中没有特定的台词来强化这种观点。然而，作者的其他作品，比如《等待戈多》（*Waiting for Godot*）中出现的主题，使这种对《大灾难》的解读更加可信一些。波佐（Pozzo）在《等待戈多》中的台词就提到了这一点。

他们在坟墓上生下了孩子，光芒一闪而过，然后又是黑夜。

这是在用创造比喻生命 —— 人只不过是用一种微不足道的"美学"方式创造的"赤裸的、用两只脚走路的动物"。

《大灾难》的深度在于意义的层次化。就本章而言，它最有意思的部分是对陈腐、空洞的戏剧制作的描述。但贝克特的戏剧（与剧中导演的戏剧相反）是对戏剧这种艺术形式的颂扬，也是对戏剧的深度和奥秘的探索。尽管它肤浅而空洞，贝克特戏剧中的主人公却是被赋予了象征意义的。他的头发掉了不少，"几撮"；他的手是残废的，"像爪子一样"。这出戏结束时，他的脸上只有一道光。在贝克特的戏剧中，他作为政治犯的象征，或者全人类的象征，唤起了我们的同情。斯戴斯认为本戏"对戏剧这种艺术形式中模仿的功能进行了批判"。为剧中导演庆祝的假的掌声和我们对贝克特作品的掌声之间是不一样的。在二者之中我们都看到了痛苦和堕落，我们在体会到乐趣的同时也同样感到无能为力。但贝克特的戏剧具有深度、复杂性并且能唤起情感共鸣 —— 这些都是最好的戏剧作品才具有的。

在第 1 章中，我们对两种形式的戏剧课程进行了对比。第一种形式的课程中，老师给学生们布置了一个小组任务，让他们通过对话和动作来表现飞船在外星着陆的情景。在另一种形式的课程中，四名学生在一场假想的未来新闻发布会上扮演太空旅行者，被问及他们在另一个星球上遇到的文明。有人指出，只靠一节课就做出判断是很不明智的。但是，如果一节课能代表其他所有课程，这样又有什么不行的呢？这些例子的特点都很突出，自然也产生了鲜明的对比。然而，形式越精细，人们就越难发现内容的缺乏。形式本身就成了目的，而我们看不到任何真正的"表达"。这是贝克特的戏告诉我们的道理。

结　论

本书采用"综合"一词，不是为了提出一种新的戏剧教学理论，而是为了阐明理论和实践各个方面的内容。它更像是一个提示的集合，而不是推荐一个全新的看待问题的方式。支撑很多研究著述的对语言的看法将其目标设为同等关注"展现"和"说"；换句话说，它不只是为了证明某一特定观点而进行理性和逻辑论证，而是利用共同线索将各种概念联系起来，以显示同一主题的不同处理方式。我们希望看到一个合理综合、具有一致性的图景，尽管事实上、语言本质上并不能消除"模糊的边界"。

引言中提出的一个问题，是如何描述和解释教育戏剧的实践结论。正如博尔顿（Bolton）在阐述该学科历史时清晰描述的那样，希斯考特通过主要强调意义和内容，从根本上改变了戏剧教学的方法。在她登场之前，关于这个课题的解释多种多样：演出故事、哑剧、演说练习、动作、戏剧化表演等，但她开始让儿童戏剧关注具有重要意义的问题。戏剧教学历史中对这种干预的需求现在看上去很奇怪。当我们以伟大的剧作家为线索描绘戏剧本身的历史时就会发现，它显然与人类生活的重大问题相关，这样看来，认为"让儿童接触较多的戏剧"这种观点不重要就有点奇怪了。

"重要内容"的概念改编自贝尔（Bell）的形式理论，用以强调这一概念的重要性。戏剧总是关于某件事的，但"某件事"必须值得研究和思考。这并不意味着戏剧必须始终关注社会问题，也不意味着它不应该探索不同的形式和风格。例如，孩子们没有机会在戏剧作品中实验性地加入幽默手法是非常遗憾的。但是，正如我们所知，幽默远非琐碎。"基本"形式的概念与表现和表达理论联系在一起。虚构情景与现实不同，这是理解艺术和戏剧的出发点。人类通过运用艺术形式进行干预，改变了内容。单纯的表现从来都不是对戏剧实践的充分解释，尽管这种观点在20世纪50年代和60年代的大部分教学中是被默认的。

戏剧这种艺术形式的重要功能之一是通过外部对话和行动来传达深度和隐藏的意义。它的类型与小说不同，是一种能够启发实践的洞见。许多戏剧教育的著作都提到了"戏剧化社会"的观点，并且提出现在电视和电影中有许多戏剧。我认为这是一个错误，影视学习属于传媒课程。重要的是要认识到，"现场"是戏剧的一个基本力量之源。这是一项群体的社会性活动。每个独特演出的意义都取决于与观众的互动。这正是它为什么在教育中这么重要的原因之一，特别是许多年轻人把时间花费在各种各样屏幕前的今天。这也是它在"语言"和"意义"中具有重要意义的一个原因，后者产生在文化背景或生活形式中。我们知道人们不会涌向剧场，但这是加强而不是削弱学校戏剧教育的一个论据。

教育戏剧工作者们的主要贡献之一，就是将复杂的教学思想引入课堂实践。我们很容易将这仅仅作为"实践"而非"理论"（就好像没有实践的理论有任何用处或意义似的），从而降低了它的重要性。解决"结构"和"体验"之间的紧张关系是表述重要的教学见解的一种方式，这些见解隐藏在看似相当普通的课堂教学方法中。不承认教育学的核心地位就是错误地低估了教学方法的重要性。

书中讨论的许多概念都与一直困扰着西方哲学的"二元论"的形式密切相关。教育戏剧被错误地认为存在于特定的实践形式中。对一些研究者而言，它们是"体验"，是有教师扮演角色的即兴表演。对另一些研究者而言，它包含在过程戏剧中（有时也令人困惑地被称作"体验"），它采用种类广泛的技术，但也受到特定类型的感情与特定形式的实践有关这一概念的限制。这个观点的问题处于表面，在于"特定"一词中。情感在戏剧中很重要。我们希望学生能感受到活力、投入、兴趣、紧张、兴奋、振奋，等等。但"情感参与"并不局限于一组实践或一类活动。

在这本包含庞杂理论的书中，说戏剧教学中有过度理论化的倾向似乎有点讽刺意味，但这就是准确的事实。我们一直在深入挖掘，看到表面行动的背后，从而解释戏剧中参与者的体验到底如何。我们一直在研究与"感受"和"意图"等概念相关的"内心体验"，而非关注表面。然而，认为我们应该只看表面，也容易产生误导。"看表面"也必然意味着要看情境。我们必须横向关注外部，而不是关注内部。这时，"体验的质量"才开始变得有意义。

这种对情境的强调提出了一个关于戏剧表演地位的观点。多年来，人们逐渐认识到观众是所有戏剧中的重要元素，因为即使在没有观众的全组即时即兴的表演中，参与者也有一种作为观众的感觉，抑或是为他们自己或他人的作品充当观众。然而，人们不愿意承认害怕提倡错误的表面工作，即所有戏剧都一样关乎表演。

但是，这里的解决方案又一次比实际意识到的更多地流于表面了。我们可以区分好坏，区分恰当和不恰当的表演。横向观察的重要性，是意识到在教育语境下过程是极其重要的。如果只看学生的表演，不考虑工作的实际背景，那么对戏剧的评估会受到局限。

许多早期的戏剧研究者极为智慧地警示，把幼儿"放在舞台上"具有危险性。当然，他们对表演的概念相当狭隘，对表演应做的准备的看法也不可避免地十分传统。然而，他们的见解具有极重要的意义。但是他们的见解更多关乎感性、评价和好的教学方法，指出正确的行动过程，而不是试图基于理论视角探讨不同表演种类的差异。准备一个大型公开演出，而不是在工作坊演出戏剧时，一些事项的优先级将会改变，这是常识。建议把三个通常被接受的评价标准减少到两个（创造和反馈），这并不是贬低表演。相反，它巩固了其在戏剧中的中心位置。同样，对戏剧的反馈也不应该被看作附加保险，而是教学过程中不可或缺的一部分。

这本书基于的语言观认为，剧本应该比通常情况下在戏剧课程中占更突出的位置。我们需要用一种乍一看好像和常理相悖的方式来区分语言和写作。虽然口语中语言的意义似乎更"当下"且"即时"，但往往通过剧本工作，学生才可以进一步了解语言起作用和获得意义的方式。

从维特根斯坦分化出的两种语言观点可以扩展囊括本书中讨论过的许

多其他概念。一种排他的，或至少是夸张的，对逻辑、结构和形式的关注导致了僵化和死板的惯例。人的维度被边缘化，以满足对秩序和稳定的需求。戏剧教学是在这样一种教育情境下进行的，关于价值和目的的讨论已经让位于对效率、目的和目标的痴迷。戏剧教学不能被简单限制在有序的进展和评估方案中，但它也不能存在于教育的普遍规范和期望之外。

戏剧教育的实践为戏剧教学环境带来了一种极大的"酒神式"的活力：澎湃的能量、创造力和意义。人们曾经犯过错误，也曾经越过边界。但是如果不这样做，就可能面临一种自满的确定性，落入形式高于内容，结构高于体验，逻辑高于意义的支配风险。

参考文献

Abbs, P. (1992) 'Abbs replies to Bolton', *Drama* 1 (1), 2 - 6.

Ackroyd, J. (1995) 'But tell me where do the children play? A response to Helen Nicholson', *Drama: The Journal of National Drama* 3 (2), 2 - 6.

Ackroyd, J. (2000) *Literacy Alive*. London: Hodder and Stoughton.

Allen, J. (1979) *Drama in Schools: Its Theory and Practice*. London: Heinemann.

Arts Council of Great Britain. (1992) *Drama in Schools*. London: Arts Council.

Atkinson, T. and Claxton, G. (eds.)(2000) *The Intuitive Practitioner*. Buckingham: Open University Press.

Barlow, S. and Skidmore, S. (1994) *Dramaform-A Practical Guide to Drama Techniques*. London: Hodder and Stoughton.

Bell, C. (1969) 'Significant form', in Hospers, J. (ed.)(1969) *Introductory Readings in Aesthetics*. London: The Free Press Collier-Macmillan.

Bennathan, J. (2000) *Developing Drama Skills*. London: Heinemann.

Bennett, S. (1997) *Theatre Audiences-A Theory of Production and Reception*. London: Routledge.

Berry, C. (1993) *The Actor and the Text*. London: Virgin Books. (First published in 1987 as The Actor and His Text by Harrap.)

Blake, N. et al. (1998) *Thinking Again: Education After Postmodernism*. London: Bergin and Garvey.

Blake, N. et al. (2000) *Education in an Age of Nihilism*. London: Routledge.

Bolton, G. (1979) *Towards a Theory of Drama in Education*. London: Longman.

Bolton, G. (1981) 'Drama in education: a reappraisal', in Davis, D. and Lawrence, C. (eds.) *Gavin Bolton: Selected Writings*. London: Longman.

Bolton, G. (1984) *Drama as Education*. London: Longman.

Bolton, G. (1998) *Acting in Classroom Drama*. Stoke-on-Trent: Trentham Books.

Bolton, G. (1999) *'Review of Beginning Drama 11 – 14* by Neelands, J.', *in Drama: The Journal of National Drama* 7 (1), 41.

Bolton, G. and Heathcote, D. (1999) So *You Want to Use Role-Play? A New Approach in How to Plan*. Stoke-on-Trent: Trentham Books.

Bowell, P. and Heap, B. S. (2001) *Planning Process Drama*. London: David Fulton Publishers.

Bowie, A. (1990) *Aesthetics and Subjectivity from Kant to Nietzsche*. Manchester: Manchester University Press.

Brecht, B. (1947) *Galileo*. English version by Charles Laughton. Indiana: Indiana University Press.

Broadfoot, P. (2000) 'Assessment and intuition', in Atkinson, T. and Claxton, G. (eds.) *The Intuitive Practitioner*. Buckingham: Open University Press.

Byron, K. (1987) 'Progression in Drama', 2D, 7, 53 – 80.

Carr, D. (ed.) *Education, Knowledge and Truth*. London: Routledge.

Central Advisory Council for Education (England) (CACE) (1967) *Children and their Primary Schools* (The Plowden Report) . London: HMSO.

Chaplin, A. (1999) *Drama 9 – 11*. Leamington Spa: Scholastic.

Clark, J. and Goode, T. (1999) (eds.) *Assessing Drama*. London: National Drama Publications.

Clark, A. and Short, P. (1999) 'Process or performance', in *Drama: The Journal of National Drama* 7 (1), 7 – 11.

Collingwood, R. (1938) *The Principles of Art*. Oxford: Clarendon Press.

Collinson, D. (1992) 'Aesthetic experience', in Hanfling, O. *Philosophical Aesthetics: An Introduction*. Oxford: Blackwell.

Cooper, D. (1990) *Existentialism – A Reconstruction*. Oxford: Blackwell.

Cooper, D. (ed.)(1992) *A Companion to Aesthetics*. Oxford: Blackwell.

Cooper, D. (1998) 'The postmodern ethos', in Carr, D. (ed.) *Education*, Knowledge and Truth. London: Routledge.

Courtney, R. (1968) *Play, Drama and Thought: The Intellectual Background to Drama in Education*. London: Cassell.

Cox, B. (1989) *English for Ages 5-16*. (The Cox Report) . London: HMSO (published by the DES) .

Cox, B. (1991) *Cox on Cox: An English Curriculum for the 1990s.* London: Hodder and Stoughton.

Croce, B. (1992) *The Aesthetic of Science of Expression and of the Linguistic in General.* Translated by Colin Lyas. Cambridge: Cambridge University Press.

Daldry, S. (1998) 'Foreword', in Hornbrook, D. (ed.) *On the subject of Drama.* London: Routledge.

Davies, G. (1985) 'Let's avoid stirring up old conflicts', *Drama Broadsheet* 2 (3), 1.

Davis, D. (1985) 'Dorothy Heathcote interviewed by David Davis', 2*D*, 4 (3), 64 – 80.

Davis, D. and Lawrence, C. (1986) *Gavin Bolton: Selected Writings.* London: Longman.

Deane, S. (1996) 'Introduction', in *Brian Friel: Plays.* London: Faber and Faber.

Derrida, J. (1978) *Writing and Difference.* Chicago: University of Chicago Press.

DES (1989) *English for Ages 5 – 16.* (The Cox Report) . London: HMSO.

Dewey, J. (1934) *Art as Experience.* New York: Capricorn (1958 edn) .

Dewey, J. (1938) *Experience and Education.* London: Collier Macmillan.

DfEE (1998) *The National Literacy Strategy.* London: DfEE.

Doll, W. (1993) *A Postmodern Perspective on Curriculum.* New York: Teachers' College Press.

Donaldson, M. (1978) *Children's Minds.* London: Fontana.

Eagleton, T. (1987) *Saints and Scholars.* London: Verso.

Eaton, M. (1988) *Basic Issues in Aesthetics.* California: Wadsworth.

Elam, K. (1988) *The Semiotics of Theatre and Drama.* London: Routledge.

Eldridge, R. (1992) 'Form', in Cooper, D. (ed.) *A Companion to Aesthetics.* Oxford: Blackwell.

Esslin, M. (1987) *The Field of Drama.* London: Methuen.

Finch, H. L. (1995) *Wittgenstein.* Dorset: Element Books.

Fleming, M. (1985) 'Teaching and expression', *Drama Broadsheet* 3 (3), 8 – 9.

Fleming, M. (1994) *Starting Drama Teaching.* London: David Fulton Publishers.

Fleming, M. (1997 a) 'Teacher-in-role revisited', *The Secondary English Magazine* 1 (1), 20 – 22.

Fleming, M. (1997 b) *The Art of Drama Teaching.* London: David Fulton Publishers.

Fleming, M. (1998) 'Cultural awareness and dramatic art forms', in Byram, M. and Fleming, M. (eds.) *Language Learning in Intercultural Perspective.*

Cambridge: Cambridge University Press.

Fleming, M. (1999 a) 'Poetry and Drama: not waving but drowning', *The Secondary English Magazine* 2 (4), 22 – 25.

Fleming, M. (1999 b) 'Progression and continuity in the teaching of Drama', *Drama: The Journal of National Drama* 7 (1), 12-18.

Fleming, M. (1999 c) 'An integrated approach to drama for aesthetic learning', *NJ (Drama Australia Journal)* 23 (2), 91 – 99.

Fleming, M. (2000) 'A highwayman comes riding', in Ackroyd, J. *Literacy Alive.* London: Hodder and Stoughton.

Fleming, M. (2001) 'What do we mean by teaching drama', in Williamson, J. *et al. Meeting the Standards in Secondary English.* London:Routledge/Falmer.

Genova, J. (1995) *Wittgenstein A Way of Seeing.* London: Routledge.

Gibson, R. (1998) *Teaching Shakespeare.* Cambridge: Cambridge University Press.

Glock, H. (1996) *A Wittgenstein Dictionary.* Oxford: Blackwell.

Gombrich, E. (1960) *Art and Illusion: A Study in the Psychology of Pictorial Representation.* Oxford: Phaidon.

Goodridge, J. (1970) *Drama in the Primary School.* London: Heinemann.

Goodwyn, A. (1992) 'English teachers and the Cox models', *English in Education* 28 (3), 4 – 10.

Graham, G. (1997) *Philosophy of the Arts.* London: Routledge.

Grayling, A. (1996) *Wittgenstein.* Oxford: Oxford University Press. (First published in 1988 by Oxford University Press.)

Greger, S. (1969) 'Presentational theories need unpacking', *The British Journal of Aesthetics* 9 (2), 157 – 170.

Hagberg, G. (1995) *Art As Language: Wittgenstein, Meaning and Aesthetic Theory.* Ithaca: Cornell University Press.

Hahlo, R. and Reynolds, P. (2000) *Dramatic Events: How to Run a Successful Workshop.* London: Faber.

Handke, P. (1997) *Plays.* London: Methuen.

Hanfling, O. (ed.)(1992) *Philosophical Aesthetics: An Introduction.* Oxford: Blackwell.

Hardman, F. (2001) 'What do we mean by media education in English?', in Williamson, J. et al. (2001) *Meeting the Standards in Secondary English.* London: Falmer Press.

Hardman, F. and Williamson, J. (1993) 'Student teachers and models of English', *Journal of Education for Teaching* 19, 279 – 292.

Harland, J. et al. (2000) *Arts Education in Secondary Schools: Effects and Effectiveness.* Windsor: NFER.

Hawkes, T. (1991) *Structuralism and Semiotics.* London: Routledge. (First published in 1977 by Methuen.)

Hirst, P. (1974) *Knowledge and the Curriculum.* London: Routledge.

Hornbrook, D. (1989) *Education and Dramatic Art.* London: Blackwell Education.

Hornbrook, D. (1991) *Education in Drama: Casting the Dramatic Curriculum.* London: Falmer Press.

Hornbrook, D. (ed.)(1998) *On The Subject of Drama.* London: Routledge.

Hospers, J. (ed.)(1969) *Introductory Readings in Aesthetics.* London: The Free Press Collier-Macmillan.

Hughes, R. (1993) 'Tolstoy, Stanislavski, and the Art of Acting', *The Journal of Aesthetics and Art Criticism* 51 (1), 38 – 48.

Irwin, S. (2000) 'Physical theatre', in Nicholson, H. (ed.) *Teaching Drama 11 – 18.* London: Continuum.

James, W. (1977) *Pragmatism in The Writings of William James.* Chicago: University of Chicago Press.

Johnson, L. and O' Neill, C. (1984) *Dorothy Heathcote: Selected Writings on Education and Drama.* London: Hutchinson.

Kaelin, E. F. (1989) *An Aesthetics for Art Educators.* New York: Teachers' College Press.

Kempe, A. and Ashwell, M. (2000) *Progression in Secondary Drama.* London: Heinemann.

Kempe, A. and Warner, L. (1997) *Starting With Scripts.* Cheltenham: Stanley Thornes.

Kuhn, T. (1997) 'Introduction', in Handke, P. *Plays* 1. London: Methuen.

Langer, S. (1953) *Feeling and Form.* London: Routledge and Kegan Paul.

Lewicki, T. (1996) *From 'Play Way' to 'Dramatic Art'.* Rome: Libreria Ateneo Salesiano.

Lodge, D. (ed.)(1988) *Modern Criticism and Theory.* London: Longman.

Lyas, C. (1973) 'Personal qualities and The Intentional Fallacy', in Vesey, G. (ed.) *Philosophy and the Arts.* London: Macmillan.

Lyas, C. (1997) *Aesthetics.* London: UCL Press.

McGinn, M. (1997) *Wittgenstein and The Philosophical Investigations.* London: Routledge.

Monk, R. (1991) *Ludwig Wittgenstein: The Duty of Genius.* London: Vintage (first published in 1990 by Jonathan Cape) .

Morgan, N. and Saxton, J. (1987) *Teaching Drama.* London: Hutchinson.

Mulhall, S. (1992) 'Expression', in Cooper, D. (ed.) (1992) *A Companion to Aesthetics.* Oxford: Blackwell.

National Drama Association (1998) *The National Drama Secondary Drama Teacher's Handbook.* London: National Drama Publications.

NCC (1990) *The Arts 5 – 16: A Curriculum Framework.* London: Oliver and Boyd.

Neelands, J. (1998) *Beginning Drama 11–14.* London: David Fulton Publishers.

Neelands, J. (2000) 'Drama sets you free – or does it', in Davison, J. and Moss, J. *Issues in English Teaching.* London: Routledge.

Neelands, J. and Dobson, W. (2000) *Drama and Theatre Studies at AS/A Level.* London: Hodder and Stoughton.

Nietzsche, F. (1968) *The Will to Power.* New York: Vintage Books.

Neitzsche, F. (2000) *The Birth of Tragedy.* Oxford: Oxford University Press. (First published in 1872.)

Nicholson, H. (1994) 'Drama and the Arts: from polemic to practice', *Drama: The Journal of National Drama* 3 (1), 2 – 23.

Nicholson, H. (ed.) (2000) *Teaching Drama 11–18.* London: Continuum.

Norman, J. (1999) 'Brain right drama', *Drama: The Journal of National Drama* 6 (2), 8 – 13.

Norris, C. (1982) *Deconstruction Theory and Practice.* London: Methuen. (Revised edition published in 1991 by Routledge.)

O' Neill, C. (1995) *Drama Worlds.* New Hampshire: Heinemann.

O' Neill, C. and Lambert, A. (1982) *Drama Structures: A Practical Handbook for Teachers.* London: Hutchinson.

O' Toole, J. (1992) *The Process of Drama Negotiating Art and Meaning.* London: Routledge.

Owens, A. and Barber, K. (1997) *Dramaworks.* Carlisle: Carel Press.

Pavis, P. (1992) *Theatre at the Crossroads of Culture.* London and New York: Routledge.

Pavis, P. (ed.)(1996) *The Intercultural Performance Reader.* London: Routledge.

Pemberton-Billing, R. and Clegg, J. (1965) *Teaching Drama.* London: University of London Press.

Peter, M. (1994) *Drama For All.* London: David Fulton Publishers.

Peters, M. and Marshall, J. (1999) *Wittgenstein: Philosophy, Postmodernism, Pedagogy.* London: Bergin and Garvey.

Peters, R. S. (ed.)(1969) *Perspectives on Plowden.* London: Routledge.

Pine, R. (1990) *Brian Friel and Ireland's Drama.* London: Routledge.

Pinker, S. (1994) *The Language Instinct.* London: Penguin.

Plato (1955) *The Republic.* Translated by Desmond Lee. Harmonworth: Penguin.

Robinson, K. (1980) *Exploring Theatre and Education.* London: Heinemann.

Roose-Evans, J. (1968) *Directing a Play.* London: Studio Vista.

Rorty, R. (1989) *Contingency, Irony and Solidarity.* Cambridge: Cambridge University Press.

Sartre, J. (1972) *The Psychology of Imagination.* London: Methuen. (First published in France in 1940 with the title *L' Imaginaire.*)

Sartwell, C. (1992) 'Representation', in Cooper, D. (ed.) *A Companion to Aesthetics.* Oxford: Blackwell.

Schechner, R. (1988) *Performance Theory.* London: Routledge.

Secondary Heads Association (SHA)(1998) *Drama Sets you Free!* Leicester: SHA.

Seely, J. (1976) *In Context: Language and Drama in the Secondary School.* Oxford: Oxford University Press.

Shklovsky, V. (1988) 'Art as technique', in Lodge, D. (ed.) *Modern Criticism and Theory.* London: Longman. (First published in 1965 in *Russian Formalist Criticism.*)

Sim, S. (1992) 'Structuralism and poststructuralism', in Hanfling, O. (ed.) *Philosophical Aesthetics.* Oxford: Blackwell.

Simons, J. (2000) 'Walking in another person's shows: storytelling and role-play', in Nicholson, H. (ed.) *Teaching Drama 11 – 18.* London: Continuum.

Slade, P. (1954) *Child Drama.* London: University of London Press.

Sluga, A. and Stern, D. (eds.)(1996) *The Cambridge Companion to Wittgenstein.* Cambridge: Cambridge University Press.

Smeyers, P. and Marshall, D. (eds.)(1995) *Philosophy and Education: Accepting Wittgenstein's Challenge.* Dordrecht: Kluwer Academic Publishers.

Smith, D. (2000) 'Introduction', in Neitzsche, F. *The Birth of Tragedy.* Oxford: Oxford University Press.

Sokal, A. and Bricmont, J. (1998) *Intellectual Impostures: Postmodern philosophers' abuse of science.* London Profile Books (first published in French in 1997).

Somers, J. (1994) *Drama in the Curriculum.* London: Cassell.

Staten, H. (1986) *Wittgenstein and Derrida.* Nebraska: University of Nebraska Press.

States, B. (1985) *Great Reckonings in Little Rooms: On the Phenomenology of Theater.* California: University of California Press.

States, B. (1994) *The Pleasures of the Play.* Ithaca: Cornell University Press.

Stobart, G. and Gipps, C. (1990) *Assessment: A Teacher' s Guide to the Issues.* London: Hodder and Stoughton.

Styan, J. (1981) *Modern Drama in Theory and Practice 2. Symbolism, Surrealism and the Absurd.* Cambridge: Cambridge University Press.

Szondi, P. (1987) *Theory of the Modern Drama.* Cambridge: Polity Press.

Taylor, P. (2000) *The Drama Classroom: Action, Reflection, Transformation.* London: Routledge/Falmer.

Tolstoy, L. (1996, first published 1896) *What is Art?* Translated by Aylmer Maude. Indiana: Hackett Publishing.

Tormey, A. (1971) *The Concept of Expression.* Princeton: Princeton University Press.

Tully, J. (ed.) (1994) *Philosophy in an Age of Pluralism.* Cambridge: Cambridge University Press.

Urian, D. (1998) 'On being an audience: a spectactor's guide', in Hornbrook, D. (ed.) *On the Subject of Drama.* London: Routledge.

Wagner, B. (1976) *Drama as a Learning Medium.* Washington: National Education Association.

Wallis, M. and Shepherd, S. (1998) *Studying Plays.* London: Arnold.

Way, B. (1967) *Development Through Drama.* London: Longman.

Wilkinson, R. (1992) 'Art, emotion and expression', in Hanfling, O. (ed.) *Philosophical Aesthetics: An Introduction.* Oxford: Blackwell.

Williamson, J. et al. (2001) *Meeting the Standards in Secondary English.* London: Routledge/Falmer.

Winston, J. (1998) *Drama, Narrative and Moral Education.* London: Falmer Press.

Winston, J. (2000) *Drama, Literacy and Moral Education 5 - 11.* London: David Fulton

Publishers.

Winston, J. and Tandy, M. (1998) *Beginning Drama* 4 – 11. London: David Fulton Publishers. (2 nd edn 2001.)

Wittgenstein, L. (1953) *Philosophical Investigations.* Oxford: Blackwell.

Wittgenstein, L. (1958) *The Blue and Brown Books.* Oxford: Blackwell.

Wittgenstein, L. (1961) *Tractatus Logico Philosophicus.* Translated by C. K. Ogden and F. P. Ramsey. London: Routledge and Kegan Paul. (First published in 1922.)

Wittgenstein, L. (1969) *On Certainty.* Oxford: Blackwell.

Wittgenstein, L. (1998) *Culture and Value.* Oxford: Blackwell.

Woolland, B. (1993) *The Teaching of Drama in the Primary School.* London: Longman.

Young, J. (1992) 'Neitzshe', in Cooper, D. (ed.) *A Companion to Aesthetics.* Oxford: Blackwell.

索 引

（索引中页码为原书页码）